1.75

D0631455

Memorias inmemoriales

Letras Hispánicas

Gabriel Celaya

MIDDLEBURY COLLEGE LIBRARY

Memorias
inmemoriales

Edición
de
Gustavo Domínguez

EDICIONES CÁTEDRA, S. A. Madrid

3/1981
Span.

PG
6623
.U34
M45

Ilustración de cubierta: Francisco Mateos

© Rafael Múgica Celaya

Ediciones Cátedra, S. A., 1980
Don Ramón de la Cruz, 67. Madrid-1

Depósito legal: M. 18.240-1980

ISBN: 84-376-0240-8
Printed in Spain
Impreso en Velograf.
Tracia, 17. Madrid-17.
Papel: Torras Hostench, S. A.

Índice

Introducción

Un ciclo se cierra

El lector que atraído por el título de la obra que aquí se presenta pretenda hallar en sus páginas la peripecia vital de Gabriel Celaya, uno de los poetas más importantes de la literatura española de posguerra, quedará decepcionado, aunque posiblemente el adjetivo *inmemoriales* haya suscitado en él cierta desazón, si no curiosidad. Parece lógico que un escritor que ha cumplido ya los sesenta y nueve años vuelva la mirada atrás. Pero el familiarizado con su obra conoce bien los frecuentes retornos de Gabriel Celaya a sus ideas personales, a su mitología particular y a sus continuos intentos de explicar y explicarnos el mundo.

A estas alturas de su vida, el autor, desde un más acá cerrado, en su transcurso, intenta recomponer las diversas fases pensadas y por él vividas, como un nuevo Lázaro que desde la muerte explica las metamorfosis que ha sufrido la configuración provisional —que es su personalidad— hasta llegar al balance de la actual. El círculo se ha cerrado ya, y para el autor es pura presencia que necesita un sentido —o quizá muchos sentidos— que desentrañe ante los lectores el significado de la existencia por el que el poeta lleva años preguntándose.

A la hora del recuento, como veremos, se ha obrado un proceso de decantación y selección de lo esencial, de los problemas más humanos que afectan a todos nosotros. Diríamos que Celaya da carpetazo a lo que ha sido y deseado ser y lo ofrece ahora en un libro-resumen.

Al menos en dos ocasiones más ha ensayado el balance y curiosamente su primera obra escrita: *Tentativas* (aunque no la primera publicada) venía a representar ya entonces su testamento [1]. Se encerraban en ella las lucubraciones de adolescente, síntesis de su primera madurez decepcionada, tras una gran crisis en donde se aunaron la enfermedad física y el desánimo ante la falta de horizonte vital e ideológico.

En este libro, cuya aparición no se tuvo en cuenta como debía en el mediocre panorama cultural del momento, el joven Gabriel Celaya se proponía transcender su experiencia personal mediante la creación de figuras arquetípicas, de mitos personales que, en conjunto, formasen una metahistoria que diera cuenta de los pasos del hombre sobre la tierra. En *Tentativas,* redactado a lo largo de diez años, aparecen en síntesis ideas que resultan ser decisivas en la primera poesía del poeta y que, como se observará, irán apareciendo en estas *Memorias inmemoriales.*

Como recuerda Vicente Aleixandre [2], Gabriel Celaya, remetido en sí mismo, meditaba y escribía una historia de pueblos prototípicos que él se inventaba. Por primera vez intentaba poner orden y moderación en un mundo cuya frustración sentía en carne propia (práctica de ingeniero sin vocación, existencia burguesa, escritor sin publicaciones), como si *Tentativas* fuera su único y gran libro.

El segundo recuento a que nos referimos lo supone otra obra en prosa, *Penúltimas tentativas* (1960), libro que debido a su corta tirada tuvo escasa circulación y

---

[1] Así lo indica en el prólogo a *Itinerario poético,* pág. 20. La primera edición de *Tentativas* apareció en 1946 (Madrid, Ed. Adán) y se reeditó en 1972 (Barcelona, Seix Barral). Mis citas se refieren siempre a esta última edición.

[2] En el prólogo a sus *Poesías completas,* Madrid, Aguilar, 1969, pág. 16.

que no ha sido reeditado desde entonces[3]. Cuando Celaya publica esta obra son otras y muy diferentes las circunstancias con relación a 1946. Vive ahora en Madrid, comparte su vida con Amparo Gastón, la llamada poesía social conoce su momento triunfal, su compromiso político se profundiza y colabora con las fuerzas clandestinas de oposición al régimen. A sus cuarenta y nueve años de edad, Gabriel Celaya vuelve a hacer un balance de su aventura vital y poética y de nuevo considera que se encuentra ante el más importante de sus libros. Resulta sorprendente que el poeta social por antonomasia, el autor de libros como *Cantos iberos* (1955), *De claro en claro* (1956) o *Las resistencias del diamante* (1957) hiciera gala de una asimilación semejante de ideas filosóficas, estéticas y sociales en otro libro de síntesis y de pensamiento, que revelaba una curiosidad intelectual fuera de lo común. ¿Qué representaba en ese momento *Penúltimas tentativas*? Además de recoger ideas, mitos, imágenes del primitivo *Tentativas,* el poeta pasó por el filtro de su reflexión atormentada todos sus libros anteriores y los trajo a un nuevo discurso en el que, al contemplar su peripecia y sus «cambiantes aparatos ideológicos», vuelve a inquirir sobre el ser y el destino del hombre. Será fácil para cualquier lector atento rastrear en ellas referencias, ecos, imágenes obsesivas que aparecen encajonadas en libros como *La soledad cerrada, Las cartas boca arriba* o *Lo demás es silencio* bajo la forma de versos rotundos y martilleantes.

Con razón afirmaba Gonzalo Torrente Ballester que en la poesía de Celaya «un analista de los que buscan materia transcendente podría sin mucho esfuerzo sacar de aquí una metafísica y quizá también una sociología»[4]. En efecto, tras la expresión sencilla y vulgar de sus versos se sospechaban extrañas tramas interiores y modos de construcción complejos. Y, de repente, en *Penúl-*

---

[3] Madrid, Ed. Arión, 1960.
[4] *Panorama de la literatura española contemporánea,* Madrid, Guadarrama, 1965, pág. 470.

timas tentativas aparecen la mayoría de las claves filosóficas, sociales y estéticas que subyacen a su anterior producción, a sus etapas definidas y siempre confesadas por parte de quien siempre ha apelado a la sinceridad como valor literario, y, sobre todo, por quien ha considerado la poesía como un acto de conocimiento y de verdad.

Lo que suponía un segundo paso de interiorización se completa en 1978, en que Celaya compone el presente volumen, que por una parte recoge casi en su totalidad *Penúltimas tentativas* y completa en lo referente a sus últimas fases vitales, y, por otra parte, aporta un nuevo material. En concreto, de los tres grandes capítulos de que se componía *Penúltimas tentativas,* mantiene los dos primeros («Historia natural» y «Los trabajos y los días»), completa el tercero («El más acá» —que en *Memorias inmemoriales* es el cuarto— e inserta como capítulo tercero uno nuevo: «La vida par». En ocasiones, cambia partes, retoca otras, es decir, realiza un montaje nada neutral y sí intencionado, de manera que las partes vienen a entrar en una nueva unidad formal.

Nos encontramos, por tanto, ante la última propuesta del poeta Gabriel Celaya en torno a los problemas que le han acuciado en su trayectoria humana e intelectual. Desde 1960 muchas cosas habían ocurrido en diversos órdenes: Descendió el fervor por la poesía social, el poeta buscó nuevas formas experimentales en sus libros de finales de esta década. Su separación del marxismo ortodoxo se acentúa y comienza un proceso gradual de desilusión de las propuestas humanísticas y revolucionarias en libros como *Lírica de cámara* (1969) y *Función de Uno, Equis, Ene* (1973) mientras se agrava la desesperanza y el nihilismo escéptico que culmina en su libro *Buenos días, Buenas noches* (1976). Por ello, todo este proceso ha creado la suficiente distancia para considerar el círculo cerrado completo. El poeta formula sus últimas —según él definitivas— tentativas de comprensión de su itinerario de convicciones.

Bajo la complejidad del montaje, en el ensamblaje

de las diferentes voces y tonos que animan los párrafos de esta obra, vuelven a aparecer subsumidos en apretado resumen los elementos ideológicos que ha informado su producción anterior. Antiguos y queridos mitos obsesivamente presentes en sus obras se desbrozan y se decantan en esta nueva formulación.

Libros como *Lázaro calla* (1949), *La buena vida* (1961), *El derecho y el revés* (1973) y *Buenos días, Buenas noches* (1976), por citar sólo los más evidentes, resuenan una y otra vez en las páginas de *Memorias inmemoriales*. Sobreviene, pues, un *ritornello* a los orígenes, a los hitos más importantes de su personalidad humana y literaria, y toda la extensa obra de Celaya se impone como una unidad dramática en que cada fase, cada capítulo, cada cambio de acittud se recupera en el recuerdo o se vuelve a vivir, pues, como se verá, el círculo se cerrará con una vuelta a las primeras manifestaciones nihilistas de las que se pretendía salir con una «voluntad de dominio» nietzscheana, pero a las que inevitablemente se vuelve tras varias metamorfosis.

Si Celaya ha sobresalido por su gran ambición constructiva [5], en forma de cantatas, poemas largos y puestas en escena de aliento dramático, en este libro ha tratado una aparente configuración narrativa en la que ha dado forma, por vía del conocimiento poético, a los fundamentos que han presidido su vida y sus libros, que tan frecuentemente se entrecruzan y hacen de Gabriel Celaya autor y personaje intercambiables.

Ocioso sería repetir aquí el camino anecdótico y vital que marcha paralelo a la experiencia prototípica narrada en estas *Memorias*. Algunos retazos aparecen en los prólogos de sus libros, o son, en parte, conocidos. Bastará destacar que el autor ha tenido ocasión en 1975, en la Introducción a su *Itinerario poético,* de narrar su peripecia vital en una impresionante confesión literaria que, sin duda, el lector encontrará acá y allá sugerida bajo

---

[5] Así lo remarca José M.ª Valverde en su introducción al tomo I de sus *Poesías completas,* Barcelona, Laia, 1977, pág. 8.

imágenes prototípicas e impersonales. De cualquier forma, Celaya anuncia en el prólogo su propósito de publicar algún día lo que llama *Suplementos autobiográficos* para dar a la luz el contrapunto que muestre la otra cara, la de su personalidad humana. Pero nótese que habla de «Suplementos» como si su verdadero interés estribara en apostar por sus últimas tentativas de captación del conocimiento. Si en *Buenos días, Buenas noches* había algo de despedida, en *Memorias inmemoriales* lo hay de testamento, de legado, que el poeta no quiere dejar de escribir, no por vanidad senil de crear una imagen plausible de sí mismo, sino por esa necesidad de contar lo que le pasa:

> No quisiera hacer versos
> quisiera solamente contar lo que me pasa

que Castellet denominó la «razón narrativa» [6], razón que desde los tiempos de Juan de Leceta ha estado presente en un poeta que sabe que su obra quedará en nada si no logra tomar contacto con el pueblo. «Contemos por qué hacemos lo que hacemos, qué pretendemos. Al hacerlo nos sentimos inmersos en una corriente», ha afirmado Celaya. Y porque muchas veces su ética ha dominado a la estética, ha querido encerrar en esta obra, y por tanto en toda su producción, por vía metafórica, las grandes cuestiones que afectan a los hombres:

> A veces en los ritmos simplemente animales
> baratos e inmediatos, sexualmente vitales
> dije canallamente mis más altas verdades [7].

---

[6] *Un cuarto de siglo de poesía española*, Barcelona, Seix Barral, 4.ª ed., pág. 82. En el mismo sentido, León Felipe en su «Carta a Gabriel Celaya» de *¡Oh, este viejo y roto violín!* manifiesta que a él también le entran «unas ganas inaguantables de decir lo que me pasa».

[7] *Cantos iberos*, pág. 35. Cito siempre esta obra por la última edición de 1977 (Madrid, Turner).

Ésta y no otra es, en mi opinión, la intención de este testimonio, que, como veremos, rehúye a la memoria reproductora. Al menos lo permite creer su estructura global cerrada y el epílogo que no en vano se titula *Despedida,* que naturalmente quisiéramos fuera provisional.

Contra una imagen tópica

Larga ha sido hasta el momento la producción literaria de Gabriel Celaya. Más de 50 libros sacados a la luz a lo largo de cuarenta años de actividad como escritor. Multitud de poemas publicados en la mayoría de revistas literarias de la posguerra. Poesía, narrativa, ensayo, teatro incluso. (El plan de publicación —sólo de su obra poética hasta 1976— abarca 11 tomos en la Editorial Laia.) Y, sin embargo, Celaya ha padecido del reduccionismo crítico como pocos autores. Si se consulta cualquier historia de la literatura actual, aparecerá sólo bajo la etiqueta de la llamada poesía social y sus obras citadas serán aquellas en que domina ese tono de poesía comprometida y civil o publicadas sobre todo en la década de los 50. No cabe duda de que, en torno a esa poesía social, Celaya sufrió las alabanzas, los ataques y los olvidos que a esta corriente se dirigían en parte porque se le consideró siempre como el autor más representativo [8]. Existen muchas razones que lo explican. Aunque no es éste el lugar de explicitarlas todas, escogeré dos que creo significativas. En primer lugar, la vinculación política del autor, bien conocida por la sociedad literaria española. Ésta condicionó de alguna forma la recepción y valoración de toda su obra y asignó a Celaya el papel de portavoz de

---

[8] La detracción de la figura literaria de Celaya la llevó a cabo, por ejemplo, la oficial *Estafeta* en sus núms. 362 y 366.

la ortodoxia estética de la literatura de intención marxista. En segundo lugar, la relevancia que se concedió a un texto programático que antecedía a una selección de poemas incluida en la famosa *Antología consultada de la joven poesía española* (1952) de Francisco Ribes. Es conocida la polémica que desató este libro, que reunía poemas de los nueve poetas que algunos críticos del momento consideraron los más importantes. Pues bien, en esas páginas Celaya explicaba su poética personal y vertía por convicción personal y en parte por provocación al garcilasismo y a los poetas religiosos ideas que en los años siguientes se convertirían en lemas de dicha corriente: «La poesía no es neutral», «La poesía es un instrumento, entre otros, para transformar el mundo». (En realidad, ello no significaba una gran novedad después de la tesis XI sobre Feuerbach o la poética de A. Machado, pero eran otros años.)

Al año siguiente reafirma ese programa en el prólogo a *Paz y concierto:* «No seamos poetas que aúllan como perros solitarios en la noche del crimen», y lo plasma en su libro más combativo, *Cantos iberos,* algunos de cuyos poemas como «La poesía es un arma cargada de futuro» llegó a ser el credo estético de sus seguidores.

Nuevos libros que siguieron, las correspondientes polémicas y ataques, la asunción crítica de esta «escuela» a la que algunos dieron pronto por acabada, terminó por fosilizar una imagen tópica de la poesía de Celaya, que más que beneficiar «enturbió» —en frase de Ángel González— la comprensión de la obra de Celaya. Y la imagen siguió y se diría que todavía pervive hoy, si no fuera porque, tras algunos tímidos intentos más comprehensivos [9], en dos libros recientes se intenta un entendimiento global de su poesía en sus diferentes contex-

---

[9] Entre ellos el de Félix Grande en «Poesía en castellano 1939-1969», *Cuadernos para el Diálogo,* mayo, 1969, pág. 49, y Joaquín Marco, *Nueva literatura en España y América,* Barcelona, Lumen, 1972, págs. 182-186.

tos y en sus etapas bien definidas. Me refiero a las dos introducciones críticas de José María Valverde y Ángel González, ambas de 1977 [10]. No es ajeno a esto el hecho de que las dos comenten por extenso *Buenos días, Buenas noches,* obra que difícilmente casaría en el esquema que comentamos, pues es evidente que a partir de *Mazorcas* (1962) y *La linterna sorda* (1964) los libros siguientes no están en la línea de poesía comunicativa, de combate, que inspiraba los anteriores.

Hora es ya de reivindicar la riqueza y complejidad —aun con sus altibajos cualitativos— de una obra extensa que de ningún modo puede reducirse a la vinculación a una corriente única y al compromiso social y estético que conlleva. Precisamente la nota que conforma el panorama total de la obra de Celaya es su naturaleza cambiante, su adscripción a diferentes estéticas, su incorporación de corrientes de pensamiento, su actitud moral y comunicativa que tiñe su tono poético —su discurso— y sus contenidos.

Buena prueba de esto se hallará en estas *Memorias inmemoriales* cuyo título estuvo a punto de ser, según manifestaciones del autor, *Las metamorfosis,* título que encierra no sólo las transformaciones vitales de Rafael Múgica y las variantes ideológicas y estéticas de Gabriel Celaya, sino también el carácter proteico —entiéndase de *formas* cambiantes— del hombre general en su existencia, del que Celaya se considera ser prototipo.

En contraste con esta reducción a la etiqueta de poeta social, Gabriel Celaya se ha encargado repetidamente de confesar no sólo sus variadas influencias literarias, sino también las ideológicas. En una de las últimas entrevistas que conozco del autor, éste las señala con claridad: «Resulta que las etapas de mi poesía están muy definidas. Podría decir: surrealismo, existencialis-

---

[10] Aparte la ya citada de J. M.ª Valverde, ver la introducción de Ángel González a *Gabriel Celaya, Poesía,* Madrid, Alianza, 1977.

mo, poesía social y poesía personal, en la que estoy en este momento»[11].

Como es sabido, la condición proteica de su personalidad humana y literaria comienza con los heterónimos que adopta —Rafael Múgica, Juan de Leceta, Gabriel Celaya— con la combinación de sus nombres y apellidos reales, que vienen a ser una forma de diferenciar lo que en su vida y obra era disparejo o correspondía a una etapa literaria o personal diferente.

Se han señalado muchas veces los tonos superrealistas que se advierten en libros anteriores a 1947 que firmó como Rafael Múgica, en especial *Marea del silencio* y *Poemas de Rafael Múgica*. La maestría de Juan Ramón Jiménez, a quien conoció en esa época, y la cercanía a sus compañeros de la Residencia de Estudiantes resulta decisiva en estos primeros pasos, que por su forma y temática reflejan un culto a la pureza y a la vanguardia[12]. Pero lo que realmente resultó crucial para su formación ideológica fue el contacto con los románticos alemanes, a los que empezó a leer en traducciones francesas a partir de 1928. Durante los años de gestación de sus *Tentativas,* Novalis, cuyas citas encabezan como lema algunos de sus títulos, Hölderlin y Nietzsche (el último romántico, cuya *Voluntad de dominio* y su nihilismo impregnan totalmente su obra), fueron conformando su segunda influencia importante, no explícita en la cita anterior pero, como se observará, evidente en su obra posterior. Me atrevería a afirmar que Celaya es uno de los pocos poetas españoles que han asimilado con cierta profundidad el legado romántico, y no me refiero al romanticismo español, cuyos frutos tópicos (persecución de formas inasibles, evasiones difuminadas) significaron si acaso una actitud.

A partir de *La soledad cerrada,* Celaya vuelve su

---

[11] Entrevista de Jorge Cela Trulock en *Nueva Estafeta,* febrero, 1979, pág. 60.
[12] Sobre esta época de la poesía del autor puede verse Víctor García de la Concha. *La poesía española de postguerra,* Madrid, Prensa Española, 1973, págs. 100-101.

atención a «las fuerzas primeras», a la inmensidad de lo otro, a la nostalgia del origen perdido, a la unidad primordial de todos los elementos, a la analogía universal, temas que constituirán un *leit-motiv* en los libros firmados por Juan de Leceta, en *Mazorcas* y, en particular, en los dos primeros capítulos de *Penúltimas tentativas* recogidos en *Memorias inmemoriales*. Al interesarse por el hombre primitivo, por su origen y destino frente a las fuerzas primeras, Celaya comprendió la insignificancia del individuo frente a lo otro que le es hostil, pero al que, sin transcendencia a la que pueda apelar, volverá. El tránsito con el existencialismo se realiza sin forzar, y ante la falta de dioses y transcendentalismos, no queda sino la exaltación gozosa de la corporeidad, el vitalismo existencial. Estamos en 1947, tras la desoladora guerra civil y la pobreza cultural de la autarquía. Bajo el nombre de Juan de Leceta aparecen diversos libros en los que el neorromanticismo existencialista exalta lo cotidiano, la naturaleza inasequible, el estupor ante lo que no tiene sentido, «las cosas como son».

> Se vive por inercia, sin duda tontamente
> y aún se habla de esperanza.

Pero la esperanza no existía. Ni para el Rafael Múgica, ingeniero burgués, ni para Juan de Leceta, resignado cantor de lo cotidiano sin trascendencias. Para avanzar en este camino de metamorfosis sí había —hubo— una salida: La ruptura con el existencialismo y la toma de postura decidida en la lucha colectiva.

El sentimiento de progreso social y la politización de su poesía aparecen como resultado del nuevo giro ideológico. Los frutos fueron en su vertiente vital la participación en la lucha contra el régimen fascista, al lado del PCE; en su aspecto filosófico, la profundización del marxismo como nuevo humanismo, y en su contrapartida estética, la poesía social.

Tanto el modelo humanista marxista, cuyo héroe

está personificado en Prometeo, como la conciencia colectiva —el mito del ojo— son los motores de los libros «sociales» y de la praxis política de Gabriel Celaya durante casi dos décadas. En lo que a nuestro asunto se refiere, el reflejo literario de esta época se trasluce en el tercer capítulo de *Penúltimas tentativas*, publicado en 1960, que en *Memorias inmemoriales* ocupa la parte inicial del capítulo cuarto. Por ello hay que considerar este libro como la profundización interna y personal de ese ideario que subyacía a sus obras de poesía social y esto en conexión con el mundo inicial de *Tentativas*. El tránsito es normal. Los deseos del adolescente, empapado como el protagonista de *Lázaro calla* de las ideas de *La voluntad de dominio* de Nietzsche, de la vida como lucha forzada, encuentran su concreción en tres niveles: la praxis personal, sus libros más combativos y el desarrollo de un nuevo humanismo de base marxista. Se cumplía así la honrada aspiración de convertir la poesía en un instrumento de comunicación y de conocimiento de la máxima transcendencia al servicio de una base amplia de lectores —receptores de una buena nueva que provenía del poeta y mentor.

Pero justamente al final de los años 60, patente ya cierto desencanto en la poesía social, aparecen varios libros, que marcan el inicio de un giro, entre ellos *Lírica de cámara* (1969), *Campos semánticos* (1972) y *Función de Uno, Equis, Ene* (1973). En ellos Celaya, por medio de la experimentación formal, se aparta en su contenido de lo que la crítica había asignado como normal en la obra del poeta. Si en los años del fervor social comprometido el propio autor confiesa que la fase de *Tentativas* seguía presente, esa ambigüedad nunca resuelta toma cuerpo en estos libros. No hace falta mucha sagacidad para descubrirla incluso en libros como *Cantos ibreros*. (Entre líneas puede verse cómo a veces el poeta intenta defenderse de la presión del partido, de las consignas, y se queja de la poca importancia que la política concede a la poesía.) Pues bien, en los libros cita-

23

dos últimamente algo parece haberse desmoronado del edificio del humanismo marxista. Sea por decepciones en la praxis política, sea por fallos vitales racionalizados o por convencimiento personal cada día más interiorizado, la derivación ideológica de Gabriel Celaya cobra cada vez más fuerza.

El poeta se ve abocado al reconocimiento irremediable de que el hombre no obedece a los modelos humanistas propuestos o reflejados en su obra anterior. No existe la personalidad, ni la individualidad, sino una estructura molecular sumida en un mundo de estructuras físicas que funcionan al margen de nosotros en un orden regido por algo no humano. Ello supone un impresionante reconocimiento en el umbral mismo del nihilismo y, casi cerrando el círculo, una nueva vuelta a los movimientos elementales, a las fuerzas primeras. Y aún diríamos más: el círculo verdaderamente se completa en el aspecto que nos interesa con sus *Buenos días, Buenas noches.* No le falta razón a José María Valverde cuando considera este libro como una síntesis de los anteriores. Es síntesis porque lo que se entrevió en todas sus obras se afirma como «dulce luz de lo nulo» o como «yo feliz, me siento nadie». No se trata, como se ha llegado a decir, de *un nuevo* Celaya [13], sino el estado final de las metamorfosis en tanto preparación para la buena muerte, como se titula uno de los poemas. *Buenos días...* supone la trágica constatación del fallo de las tentativas y modelos anteriores, es más, la afirmación de que no existen. Al menos para su realidad personal.

Como es lógico, el libro que presentamos recoge en su parte final esta última fase que precisamente por cerrar el círculo deja de ser penúltima y provisional. Y al hacerlo así no reniega de las etapas pasadas, sino que las reafirma, las confiesa y las inserta en una historia natural que, como tal, no puede ser contada. Es justo que en ese

---

[13] Disiento por ello de la interpretación de Ángel González de que *Buenos días...* no cierra un círculo, sino que prolonga una espiral.

momento, cuando, independientemente de la peripecia personal que aguarde al poeta, se pueden —se deben— escribir unas memorias. En el caso de Celaya, además, éstas tienen la función de encontrar en ellas su propia salvación —que no su justificación. Ello significa que tras cada metamorfosis deviene un momento de fijeza y un nuevo equilibrio, aunque éste sea el equilibrio nihilista de reconocer que nada es sólido.

Lo prototípico

En el prólogo de *Memorias inmemoriales,* Gabriel Celaya explica brevemente las líneas maestras del género,
que si, en principio, cabría colocar entre otros afines
de autobiografía, memorias o confesiones, es obvio que
se aparta de todos ellos, por varias razones. Entre otras,
porque ni son una justificación del pasado —que asume
por entero— ni una autogratificación en donde se resalte
la singularidad de una peripecia vital, ni un cúmulo de
anécdotas, como se ha dicho antes.

Quizá se haya advertido que *Memorias inmemoriales* coincide en su título con las memorias que redactó
Azorín a sus setenta años, entre 1943 y 1946. Ambos
libros soslayan toda confesión precisa. Para Azorín constituyen una recreación «de estados de espíritu» [14]. Para
Celaya, en cambio, no cuentan los estados personales
ni la imagen triunfante del vencedor, pues es consciente
de que el afán de poner marbetes a la propia vida olvida
que casi todos los creadores tienen mucho más en común
que las características diferenciadoras. Por ello, son los
puntos de contacto con el hombre impersonal los que
interesan al autor, pues son estos puntos comunes
los que permanecen en la compleja condición humana, los
que configuran su difícil consistencia.

---

[14] Cfr. Rafael Conte, «Azorín en el Purgatorio», *Cuadernos
Hispanoamericanos,* 226-227 (1968), págs. 9-27.

En la medida en que pueden ser compartidos o negados por el hombre de a pie, el interés se agranda en detrimento de las glorias subjetivas que campan por las líneas de muchas autobiografías, que inventan su propia finalidad con añadidos y retoques insinceros. Celaya no parte de un punto final al que se dirigen con lógica y sentido acciones y estados de ánimo, sino que asume sus metamorfosis y buceando en ellas busca un sentido humano o, en sus propias palabras, intenta «tornar transparente el caos, organizar el desorden». Es claro que la memoria no es un espejo, sino un mecanismo poético, creativo, que continuamente intenta engañarnos. La operación que el poeta Celaya se plantea en este libro consiste en someter su memoria a una depuración de lo personal en búsqueda de un sentido o de varios —operación poética al cabo— que las acciones humanas y, por tanto, las propias, conllevan. Y ello está en perfecta consonancia con el Celaya de sus últimos libros poéticos, convencido de la inexistencia del yo y de la personalidad y cantor de un mundo de corrientes físicas provisionalmente compactadas.

Por todo ello, más que contar y reproducir los datos de la memoria, se plantea aquí una invitación al conocimiento a través de la vuelta a pasados estados del hombre Celaya y del hombre, con mayúscula. «Es muy difícil decir en alta voz las cosas que le pasan al hombre», decía León Felipe en su «Carta a Gabriel Celaya». Los filósofos lo han intentado desde antiguo y no siempre con éxito por creer en la falacia de que el hombre se puede pensar desde fuera. También a los poetas les está permitido. Celaya lo realiza a través de su propia experiencia que, limada de anécdotas, propone como experiencia prototípica e inmemorial, como eterna lucha entre el yo caótico que perezosamente se debate entre la vuelta y la necesidad de afirmarse en un mundo hostil. Para ello realiza un montaje de sus pasados héroes y contrahéroes, los funde, los despoja de adherencias propias y particulares y los mitifica en un ser prototípico. Este ser, llámase Uno, Celaya, yo (un yo diluido), el hombre, etc., nos presenta sus proyectos, su naturaleza proteica, sus diferentes estados, en un discurso poético (creador) que, si creemos a Octavio Paz,

> no es la verdad,
> es la resurrección de las presencias, la historia
> transfigurada en la verdad del tiempo no fechado [15].

Lo prototípico, en cuanto tal, deviene un concepto neutro. Si se revela a los demás, si se comunica, no es porque se considere la verdad, sino precisamente su búsqueda. Ahí radica la diferencia entre el ser y el deber ser, entre la propuesta prototípica y la dogmática.

Memorias inmemoriales no tiene en mi opinión tanto una lectura de guía de caminantes, de camino vital prototípico, aunque en la realidad parezca a veces ofrecerla. En muchas ocasiones, el Celaya prometeico, mensajero y guía ha invitado a la transformación y a la revolución. «Salid gritando a la calle», «Camaradas quisiera deciros», «Quisiera daros vida»; en ésta descubre su indagación y, limpia de historia y circunstancia, la entrega humildemente, por si puede servir de algo. Aunque puede parecer lo contrario, no trata de negar la historia, sino de, fiel a la «palabra en el tiempo» machadiana, reafirmar los rasgos comunes temporales que escapan —en este caso conscientemente— a la memoria.

---

[15] *Vuela,* ed. Seix Barral, pág. 79.

Apelación al mito

Si, como acabamos de afirmar, a Gabriel Celaya no le interesa narrar su anécdota personal como individuo, sino la del hombre prototípico, parece inevitable considerar que poco puede ayudarle en ese propósito la operación del recuento histórico clasificable en términos de conocimiento racional. No olvidemos que la operación la realiza un poeta y el conocimiento poético, como es bien sabido, aparece como indefectiblemente alógico y ahistórico, producto de lo que, en palabras de Bachelard, se denomina la imaginación material [16]. En ella el pensamiento se ofrece realizándose en imágenes del cual son inseparables. El poeta, igual que las sociedades antiguas, pretende mediante el conocimiento mítico conocer la historia verdadera que proporcione modelos de conducta humana y confiera valor y significación a la existencia del hombre. El mito adquiere efectividad —ética y poética— porque pone en juego unas constantes humanas prototípicas que le otorgan atemporalidad.

El mito, en manos de un poeta, se opone al dogma por una parte y a la alegoría por otra. En el primer caso la liberación como destino colectivo es un impulso antidogmático; en el segundo se bordea la histo-

---

[16] *L'eau et les rêves*, París, José Cortí, 1943, págs. 9-10. Cfr. también Anne Clancier, *Psicoanálisis, Literatura, Crítica*, Madrid, Cáedra, 1976, págs. 182 y ss.

ria y se caen en la reducción de lo mítico acercándolo al pensamiento racional y explicativo.

El hecho cierto es que toda configuración mítica trata de contar una historia sagrada. Marcel Mauss y Mircea Eliade, los más conocidos mitólogos, lo han demostrado sobradamente. «Decir mito consiste en proclamar lo que aconteció *ab origine*», asevera el primero, y «El mito cuenta una historia sagrada, un acontecimiento que sucedió en los comienzos», afirma el segundo [17]. Es decir, el mito es el relato de una creación o de una irrupción de lo sobrenatural en el mundo o, de otra manera, es una pregunta sobre el destino del hombre colectivo que se piensa en imágenes como cosmogonía.

Se impone volver —como Celaya— a los orígenes. Para dominarlos mágicamente. Rememorar el pasado para explicar el presente. Esta es precisamente la operación poética —mítica— que intenta nuestro autor: el conocimiento de las propias experiencias anteriores, es decir, de su experiencia, para lograr así una ciencia de tipo soteriológico para dominar el propio destino y la *simpatía* con otras individualidades. Otra cosa sería la recreación del mito con mera intención estética, como tantas veces se ha utilizado.

Claro está que estamos ante un empleo culto del mito, en una época en que la dialéctica domina el análisis de la historia. Pero para un poeta como Gabriel Celaya, el mito le permite completar una visión de sí mismo como individualidad que recuerda lejos de la contemplación racionalista de la realidad. Desde la memoria la realidad se niega mediante el proceso de mitificación. Se aspira, pues, a un acronismo, a una salvación del tiempo fundiéndose en el mito.

En *Memorias inmemoriales* muchos mitos conocidos que se desgranan en las metamorfosis que el Uno, pro-

---

[17] Marcel Mauss, *Lo sagrado y lo profano,* Barcelona, Barral, 1971, pág. 95, y Mircea Eliade, *Mito y realidad,* Madrid, Guadarrama, 2.ª ed., 1973, pág. 45 y *passim.* Cfr. también A. Prieto, «La función mítica y el *Burlador de Sevilla*», en *Estudios de literatura europea,* Madrid, Narcea, 1975.

tagonista de la obra, va encarnando en su viaje cosmogónico. Todos ellos están trenzados y hasta transformados por la personalidad de Celaya que crea un nuevo estado (tiempo y espacio) mítico que a su vez estructura el conjunto en su totalidad.

En resumen, puede decirse que Celaya plantea un cuadro mítico desde un final de experiencia (apelando al género de memorias) y un cuadro de salvación (desde el momento en que indaga los orígenes del hombre que, una vez pasado su periodo de iniciación, adviene a un estado insatisfactorio que necesita explicarse).

En esa operación que configura el libro se produce una fusión de mitos de diversa procedencia. Algunos constituyen verdaderas obsesiones míticas presentes en obras anteriores. Ida, la misteriosa mujer en que a veces aparece reencarnada el Par (lo femenino), aparece ya en su primera obra, *Tentativas*, Mayí (otra forma del Par) hace referencia a la María de *Lázaro calla* y *La buena vida*. A esta última la acompaña Marta, que ya había cobrado su carácter mítico en esa misma novela. Lázaro reaparece en *Memorias inmemoriales* como reencarnación del Impar (masculino). Los tres hermanos de la narración evangélica quedan impregnados en la obra de una categoría mítica y ejemplar ciertamente original, cuyas características hay que ir a buscarlas en *Lázaro calla*. Si en esta obra los personajes cristianos estaban actualizados en un medio urbano de manera alegórica, lo están aquí de modo mítico.

Importantes son también los mitos de procedencia griega. Por *Memorias inmemoriales* desfilan Narciso (personaje de *Tentativas*), las ninfas (coro necesario en el que se afirma el protagonista), Pandora (nueva reencarnación del Par), Circé. Pero sobre todo es significativa la presencia de Prometeo y su hermano Epimeteo, trasunto del viejo mito que puso en circulación Hesíodo. Praxis/teoría, ingeniero/mono, activista/quietista: dicotomía cara a Celaya, que desarrolló por extenso en su cantata *El derecho y el revés*. En esta obra el mito se condensa en su dialéctica desnuda e incluso se alarga en

31

la imagen del hombre prometeico que, una vez llegado al mundo, se propone cambiarlo y transformarlo. En las últimas páginas, sin embargo, el mito se diluye en el reconocimiento de su desencanto: «¿Para qué luchar prometeicamente? Nada significa nada.»

Otro de los mitos que el poeta recoge es el del Ojo, pero lejos de seguir la tradición de diversas tendencias que ofrecen simbolismos básicos al mismo, Celaya lo define como «conciencia colectiva que dejará en nada nuestras sacrosantas personalidades» [18]. Lo que significa que el Ojo, como ley del más acá, ha perdido su trascendencia bíblica. El ojo-conciencia colectiva inmanente es fuerza que da sentido y estructura a las acciones humanas, la fuente del compromiso.

Sumamente importante para entender el sentido inmemorial de un libro de memorias es la utilización que el autor realiza del mito que llamamos del Uno. Cuando Celaya abdica de su yo para evitar su historia personal, aparece un protagonista impersonal, con mayúscula, el prototipo humano. Es el *uno mismo* de la sicología de C. G. Jung, idea fundamental a lo largo de la obra del poeta [19]. No en vano ha empleado como lema dos ideas de Rimbaud en el mismo sentido: *Car je est un autre* y *On me pense.*

No olvidemos, por último, que este tema de la impersonalidad del yo diluido aparece en su obra *Función de Uno, Equis, Ene,* en el sentido aquí reseñado.

Se ve, pues, por esta breve enumeración, que cada nuevo mito al que se apela llega a ser un estado o reencarnación del hombre en su viaje de los orígenes a la muerte, al mismo tiempo que un recurso para plasmar la impersonalidad.

---

[18] En el prólogo a *Lo demás es silencio,* ed. Turner, 1976, página 9.

[19] Vid. Zelda I. Brooks, *La poesía de Gabriel Celaya: las metamorfosis del hombre,* Madrid, Playor, 1979, pág. 16.

Estructura

El libro se divide en cuatro grandes apartados titulados «Historia natural», «Los pasos contados», «La vida par» y «El más acá». En una primera caracterización los podríamos identificar igualmente con los títulos correspondientes «Cosmogonía», «El nacimiento al mundo», «La unidad de contrarios» y «Los compromisos diversos».

a) *Historia Natural*

En esta primera parte el poeta inicia el supremo esfuerzo del recuerdo, recuerdo inútil del yo antes de la conciencia. Ese yo se halla confundido con el magma o elemento primario, lo cual lo imposibilita para pensar ni desde la individualidad ni desde la colectividad. Antes del útero maternal, en el otro seno de la madre, flotaba algo que ahora se recuerda carnalmente. Operación grandiosa del conocimiento poético que viene a coincidir, a siglos vista, con la que realizaron los filósofos jonios un día.

Los borrosos límites humanos se encuentran fundidos en la materia primaria en esa prehistoria a expensas de un torbellino. La materia primaria es el agua como en Tales, el océano, tal como lo desarrollan los sicoanalíticos, el mundo mezclado

33

como lo entrevieron los maestros románticos desde Novalis a Nietzsche, el mar obsesionante de toda la obra de Celaya.

Nos encontramos ante las páginas más bellas del libro. En ellas, como era de esperar, el poeta no construye su cosmología particular, sino que desde esta orilla acomete al recuerdo de la vida humana, del Uno vuelto alga, légamo, medusa, parte indiferenciada del caos original que no tiene consistencia, ni historia, ni leyes. El hombre amalgamado en su hidrógeno nutricio antes de ser una explayación que absurdamente salta a lo seco. Así lo expresa también Manuel Altolaguirre:

> No hay muerte ni principios
> sólo hay un mar donde estuvimos y estaremos [20].

Como ilustra Octavio Paz en *El arco y la lira,* el agua es la madre primera, la causa de las metamorfosis. Gabriel Celaya describe con mirada total ese estado originario con la grandeza de sus grandes construcciones, y eleva a nivel poético su obsesión sobre los orígenes acuáticos. Con ellos precisamente se identifica la ya mencionada imaginación material de Bachelard, opuesta al conocimiento racional representado por el fuego.

b) *Los pasos contados*

En esta segunda parte adviene el hombre al fin desligado de su elemento nutricio a una existencia al lado de acá. No es fácil la entrada. Se tiene la sensación de que ha habido una expulsión de un paraíso, *topos* literario que va de los simbolistas franceses al maestro de Celaya, Vicente Aleixandre. La vida se impone con su dura realidad y empieza

---

[20] *Las islas invitadas,* ed. Margarita Smerdou, Madrid, Castalia, 1972, pág. 150.

a presentarse al niño balbuceante, inseguro, cargado de proyectos. Muchas veces se duda en volver atrás (eterno retorno nietzscheano), a los orígenes, pero el Uno afronta la existencia a veces con un proyecto total lleno de ansia y deseos (de nuevo Nietzsche y su *Voluntad de dominio),* otras en plena fuerza de juventud y fiesta («El mundo está bien hecho» de *La destrucción y el amor* y de Jorge Guillén). Se perfila ya el Prometeo que con sabiduría y trabajo va a intentar cambiar las condiciones materiales de su colectividad.

Lo que en el magma original eran sensaciones vagas e indiferenciadas se manifiestan en este nacimiento a la vida como sucesivas metamorfosis y como cambios proteicos del hombre joven que titubea en sus primeras tentativas de afirmación, de autoengaño y de creación de conciencia, pero que no renuncia a convertirse en superhombre.

c) *La vida par*

Este largo apartado que no existía en *Penúltimas tentativas,* está dedicado a la evolución del Uno que llegado al trance de la vida se encuentra con su complemento, con su contrario. Sabemos que en las viejas mitologías cosmogónicas la fuerza primera participaba constitutivamente de dos partes (lo femenino y lo masculino). El Uno, el yo, Gabriel Celaya, se piensa en compañía esencial, en deseo. Primero será Narciso, que intenta fijar al elemento Par/femenino entre el coro de Ninfas. Después vendrá un desfile de encarnaciones del Par: Pandora, regalo de Zeus al imitador Epimeteo que esparció los males sobre el mundo, será Ida o el Par misterioso o Marta, el Par laborioso o Mayí, el Par complemento. Frente a ellas, que son una y la misma, el Impar/Prometeo o el Impar/resucitado busca su identidad, la fuente última de su deseo. Y surgen los viejos mitos de Hesiodo, de los Evangelios y las reminiscencias surrealistas de Celaya, Dostoievski una vez más y la coincidencia con Octavio Paz.

El concepto surrealista del amor como unidad de contrarios y drama cósmico se desliza por estas páginas de *Memorias inmemoriales*. Queda la evidencia trágica de que mirar —y sobre todo entender— al Par hasta las últimas consecuencias lleva muerte, vuelta a los orígenes, destrucción. Si acaso a la sensación de plenitud del «porque sí».

Veamos sólo dos testimonios de André Breton y Octavio Paz. Para el primero la mujer representa la vuelta a los orígenes, es el reencuentro con la inocencia perdida, la unidad de contrarios, la imagen misma del secreto. Para el segundo «la idea de regreso es la fuerza de gravedad del amor. La mujer nos exalta, nos hace salir de nosotros y, simultáneamente, nos hace volver» [21].

Gabriel Celaya, con esa concepción del amor heredada del surrealismo, inquiere sobre sí y sobre el Uno colectivo en cuanto Impar. Para su poesía y para su vida en concreto, el amor ha constituido siempre un impulso creador, fuente estimulante de deseo y creación. En estas páginas admirables hay una buena síntesis de ello. Hay duda, misterio, plenitud a veces, pero, como afirma el poeta:

> La vida ya no cuenta
> Pero el amor me queda.

Con esa convicción, y en unión de Mayí, el poeta se prepara para su andadura siguiente: la vida con los otros, el esfuerzo cotidiano.

---

[21] El primero en su obra *L'amour fou,* París, Gallimard, 1937, y el segundo sobre todo, en *El arco y la lira,* México, F.C.E., 2.ª ed., 1967, págs. 152 y ss.

d) *El más acá*

Dejados atrás los intentos de retorno al origen, la duda existencialista, el Uno se enfrenta a los problemas diarios dispuesto a desarrollar su parcela de trabajo, a ayudar a los otros. Aparece en este capítulo de nuevo Prometeo. Ya no es el Prometeo/Impar con sus problemas personales, sino el Prometeo/ingeniero, el Prometeo socialista con ánimo de transformar la realidad. ¿En virtud de qué? El ojo o conciencia más allá de las conciencias proporciona la seguridad, la idea de función dentro de un gran mecanismo.

Se avanza, se progresa, se impone la praxis revolucionaria que al mismo tiempo es panacea de los males íntimos y personales. Como trasunto de estas páginas se entrevé el Celaya comprometido, trabajador de la cultura en el Partido Comunista de España, poeta civil al servicio de la lucha antifranquista durante tantos años.

Con ese optimismo en el avance de la lucha social acababa *Penúltimas tentativas*. E incluso en las nuevas páginas de *Memorias inmemoriales* se recoge la andadura de los años que significaron la misma fe en el colectivo concretado en el Partido. Sin embargo, en las últimas páginas aflora el desencanto («fue una locura»), la vuelta a lo personal, al nihilismo festivo, último refugio que apareció en *Buenos días, Buenas noches*. Y, como vimos antes, el ciclo se cierra. Volvemos a la comprobación de que la configuración de elementos que constituyen el hombre se disolverán con la muerta y volverán al gran concierto universal en el que lo humano no cuenta por insignificante. Esa comprobación es la actual de Rafael Múgica, curado de casi todos los espantos, generosamente escéptico, cuya autenticidad se basa en un «porque sí» sereno por encima de los pequeños compromisos humanos.

Entramado formal

En correspondencia con esta estructura temática, ¿es *Memorias inmemoriales* un libro poético? Podríamos afirmarlo tajantemente, aun tratándose de un autor cuya obra poética, según él mismo reconoce, está «basada en un terco verso martilleante y en un continuo recurso al pedal fuerte de los oxítonos». Y no debe engañarnos la presentación como prosa. Como queda dicho, falta en la obra toda referencia narrativa, detalles anecdóticos y externos. Esto, por otra parte, es igualmente aplicable a los libros de relatos del autor, en donde la ilación de los acontecimientos se interrumpe con la presentación del mundo interior del personaje y con las entradas del autor para preguntarse el sentido de las acciones.

Las mutaciones de perspectiva y de tono en el contenido, es decir, las metamorfosis continuas configuran una unidad poemática que podemos llamar parágrafo. Estructuralmente, el parágrafo hace posible la ilación o la falta de ella, el cambio de perspectiva o de situación conceptual. En sí misma forma una unidad breve emocional-temática con principio y fin como un poema, pero posibilita un engarce con lo anterior y posterior, con lo cual lo discursivo puede primar más o menos.

La obra consta de 213 párrafos equilibradamente dispuestos en las cuatro partes. Con ello, sobre el cañamazo del supuesto género literario, el autobiográfico, se compone un friso que es a la vez el intento de un largo poema globalizador.

Gabriel Celaya, liberado del martilleo del verso, y enlazando con la prosa diáfana de sus primeras *Tentativas,* logra hacer fluir un discurso poético vario y flexible. La riqueza del procedimiento le permite concentrar en pocas líneas varias metáforas encadenadas (párrafo 106, página 127 o explicar con rigor un concepto o un estado de ánimo. No debe olvidarse que esta forma fue empleada por un maestro reconocido de Celaya: el filósofo, pero sobre todo escritor, Nietzsche.

En *Memorias inmemoriales* el pensamiento abstracto se poetiza porque el autor posee los recursos para convertir en materia viva lo que es confesadamente impersonal. De ahí que el Uno se presente a veces como tal impersonal que abarca a todos, y otras sea el sujeto protagonista [22] —escrito con mayúscula como el Impar— y que, finalmente, sea un yo oculto o modestamente despersonalizado. Pero también existe el yo con sus intromisiones líricas, con sus preguntas más o menos retóricas y hasta con sus guiños, que son trasuntos del Celaya personal. También aparece el nosotros, humanos cuya trayectoria es o puede ser la misma. La autobiografía pierde, pues, sus atributos clásicos en favor de las voces líricas que se entrecruzan en la enunciación de un yo cambiante que recuerda.

Otras veces el yo/uno se confunde con el héroe que aporta el mito para crear una perspectiva que varía de lo general a lo personal sobre la que se aplica una ambigüedad de efectos. Así, Impar/Lázaro/Uno/yo son la misma y diferente entidad.

Por último, otros protagonistas asumen su función de tal en los parágrafos más narrativos, con lo cual el friso

---

[22] El Uno como personaje protagonista «que pasea por las calles» aparece ya en *Tentativas* (pág. 157).

se completa. Género cambiante, pues, para un contenido proteico, que se definió en su día como un tratado de filosofía de la conducta, pero que también es construcción poemática, síntesis de libros e, inevitablemente, autobiografía inmemorial.

Esta edición

A la hora de preparar el texto de la presente edición he utilizado el manuscrito que el autor me ha proporcionado, revisado por él. Puede, pues, considerarse como definitivo.

Con respecto a la edición de 1960 de *Penúltimas tentativas* se han introducido muy ligeras variantes; la mayoría de ellas son matizaciones de estilo *(traspaso* por *traslado)* o ligeras adiciones de un adjetivo. Por su escasa importancia no se recogen como variantes.

Más significativas son, en cambio, las variaciones que afectan a textos que remiten a *Tentativas* y *Lázaro calla.* Al insertarse en una nueva unidad significativa, hay añadidos al final de párrafos con valor epifonemático y, en ocasiones, cambio de protagonista, justificado por las metamorfosis continuas del Uno o del Par. De ellos doy cuenta en las notas a pie de página. En otras se relacionan los diferentes textos y se rastrean pasajes y temas que tienen su reflejo en textos poéticos y narrativos anteriores del propio Celaya. A veces tienen un origen común en los numerosos cuadernos de notas inéditas que el autor guarda celosamente.

Debido al carácter de la colección en que se inserta *Memorias inmemoriales,* se aclaran en nota algunos conceptos de comprensión no siempre fácil o que remiten a puntos concretos de la cosmovisión particular del autor.

Por último, en esta ocasión se da una coincidencia que

no quiero dejar de señalar. El editor en su acepción castellana —responsable de una editorial— es la misma persona que el editor en su acepción inglesa —responsable de una edición. Añadamos otra coincidencia: la amistad del editor con el autor. Se comprenderá entonces que muchas dudas se han solucionado y muchas connivencias para con la anécdota se han compartido. Con él y con Amparo Gastón, testigo activo de ellas, y con Marily y Dánae, amable contrapunto. Mi agradecimiento a los cuatro, pues el resto sí que forma parte de lo inmemorial.

Bibliografía

Obras de Gabriel Celaya

1. Poesía

Marea del silencio (firmado Rafael Múgica), Zarauz, Itxaropena, 1935.
La soledad cerrada (seguida de «Vuelo perdido») (firmado Rafael Múgica), San Sebastián, Norte, 1947.
Movimientos elementales, San Sebastián, Norte, 1947.
Tranquilamente hablando, San Sebastián, Norte, 1947.
Objetos poéticos, Valladolid, Halcón, 1948.
El principio sin fin, Córdoba, Cántico, 1949.
Se parece al amor, Las Palmas de Gran Canaria, El Arca Cerrada, 1949.
Las cosas como son, Santander, La Isla de los Ratones, 1949; 2.ª ed., *íd.,* 1952.
Deriva (comprende «La música y la sangre», «Protopoesía» y «Avisos»), Alicante, Ifach, 1950.
Las cartas boca arriba, Madrid, Adonais, 1951; 2.ª ed. (con el complemento de «Otras cartas»), Madrid, Turner, 1974; 3.ª ed., *íd.,* 1978.
Lo demás es silencio, Barcelona, El Cucuyo, 1952; 2.ª ed., Turner, 1976; 3.ª ed., *íd.,* 1977.
Paz y concierto, Madrid, El Pájaro de Paja, 1953.
Vía muerta, Barcelona, Alcor, 1954.
Cantos iberos, Alicante, Verbo, 1955; 2.ª ed. (con el complemento de «Otros poemas»), Madrid, Turner,

marzo, 1975; 3.ª ed., *íd.,* noviembre, 1975; 4.ª ed., *íd.,* mayo, 1976; 5.ª ed., *íd.,* noviembre, 1976; 6.ª edición, *íd.,* 1977.

De claro en claro, Madrid, Adonáis, 1956; 2.ª ed. (con el complemento de «Para vosotros dos»), Madrid, Turner, 1977.

Pequeña antología poética, Santander, La Cigarra, 1957.

Entreacto, Madrid, Ágora, 1957.

Las resistencias del diamante, México, Luciérnaga, 1957; 2.ª ed. (bilingüe), *L'irreductible diamant,* Paris-Marseille, Action Poétique, 1960.

Cantata en Aleixandre, Palma de Mallorca, Papeles de Son Armadans, 1959.

El corazón en su sitio, Caracas, Lírica Hispana, 1959.

Para vosotros dos, Bilbao, Alrededor de la Mesa, 1960.

Poesía urgente (comprende «Poesía directa» [una antología], «Lo demás es silencio» y «Vías de agua), Buenos Aires, Losada, 1960; 2.ª ed., *íd.,* 1972; 3.ª edición, *íd.,* 1977.

La buena vida, Santander, La Isla de los Ratones, 1961.

Los poemas de Juan de Leceta (comprende «Avisos», «Tranquilamente hablando» y «Las cosas como son»), Barcelona, Collioure, 1961; 2.ª ed., Barcelona, Lumen, 1976.

L'Espagne en marche (antología bilingüe), París, Seghers, 1961.

Rapsodia euskara, San Sebastián, Biblioteca Vascongada de los Amigos del País, 1961.

Poesía (una extensa antología de 1934-1961), Madrid, Giner, 1962.

Episodios nacionales, París, Ruedo Ibérico, 1962.

Mazorcas, Palencia, Rocamador, 1962.

Versos de otoño, Jerez de la Frontera, La Venencia, 1963.

Dos cantatas (comprende «Cantata en Aleixandre» y «El derecho y el revés», Madrid, Revista de Occidente, 1963.

Me llamo Gabriel Celaya (disco: antología y comentarios en la voz del autor), Madrid, Aguilar, 1963.

La linterna sorda, Barcelona, El Bardo, 1964.

Baladas y decires vascos, Barcelona, El Bardo, 1965.

Lo que faltaba (precedido de «La linterna sorda» y «Música de baile»), Barcelona, El Bardo, 1967.

Poemas de Rafael Múgica, Bilbao, Comunicación Literaria, 1967.

Poesie (extensa antología bilingüe; introducción, selección y traducción de Mario di Pinto), Milán, Arnoldo Mondadori, 1967.

Los espejos transparentes, Barcelona, El Bardo, 1968; 2.ª ed., *íd.,* 1969; 3.ª ed., Buenos Aires, Losada, 1977.

Canto en lo mío (comprende «Rapsodia éuskara» y «Baladas y decires vascos»), Barcelona, El Bardo, 1968; 2.ª ed., San Sebastián, Auñamendi, 1973.

Poesías completas, Madrid, Aguilar, 1969.

Lírica de cámara, Barcelona, El Bardo, 1969.

Choix de textes (selección y traducción de Pierre Olivier Seirra, precedida de un largo estudio del mismo).

Operaciones poéticas, Madrid, Visor, 1971.

Cien poemas de un amor (antología), Barcelona, Plaza y Janés, 1971; 2.ª ed., *íd.,* 1974; 3.ª ed., *íd.,* 1979.

Campos semánticos, Zaragoza, Fuendetodos, 1971.

Dirección prohibida (comprende un extracto de «Las resistencias del diamante», «Poemas tachados», «Episodios nacionales» y «Cantata en Cuba»), Buenos Aires, Losada, 1973; 2.ª ed., Madrid, Losada-Edaf, 1977.

Función de Uno, Equis, Ene, Zaragoza, Fuendetodos, 1973.

El derecho y el revés, Barcelona, Ocnos, 1973.

Itinerario poético (antología prologada por el autor), Madrid, Cátedra, 1975; 2.ª ed., *íd.,* enero, 1976; 3.ª edición, *íd.,* diciembre, 1976; 4.ª ed., *íd.,* 1977.

La higa de Arbigorriya, Madrid, Visor, 1975.

Buenos días, Buenas noches, Madrid, Hyperion, 1976; 2.ª ed., *íd.,* 1978.

Poesía abierta (antología), Madrid, Doncel, 1976.

El hilo rojo (antología de poemas político-sociales), Madrid, Visor, 1977; 2.ª ed., *íd.,* 1980.

Parte de guerra (comprende «Las resistencias del diamante», «Vías de agua», «Poemas tachados», «Episodios nacionales» y «Cantata en Cuba»), Barcelona, Laia, 1977.

Poesía (antología; selección y prólogo de Ángel González), Madrid, Alianza, 1977; 2.ª ed., *íd.*, 1979.

Poesías completas, t. I (1932-1939) comprende, tras una introducción de José María Valverde, «Marea del silencio», «Los poemas de Rafael Múgica», «La soledad cerrada», «Vuelo perdido», «La música y la sangre» y «Avenidas»), Barcelona, Laia, 1977.

Poesías completas, t. II (1940-1948) (comprende «Objetos poéticos», «Movimientos elementales», «El principio sin fin», «Avisos de Juan de Leceta», «Tranquilamente hablando», «Se parece al amor» y «Las cosas como son»), Barcelona, Laia, 1977.

Iberia sumergida, Madrid, Hyperion, 1978.

Poesías Completas, t. III (1949-1954) (comprende «Las cartas boca arriba», «Lo demás es silencio», «Paz y Concierto», «Entreacto», «Cantos iberos»), Barcelona, Laia, 1978.

Poesías Completas, t. IV (1955-1957) (comprende «Las resistencias del diamante», «De claro en claro», «El corazón en su sitio»), Barcelona, Laia, 1978.

Poesías Completas, t. V (1958-1960) (comprende «Para vosotros dos», «Cantata en Aleixandre», «La buena vida», «Vías de agua»), Barcelona, Laia, 1980.

En colaboración con Amparo Gastón

Ciento volando, Madrid, Neblí, 1953.
Coser y cantar, Guadalajara, Doña Endrina, 1955.
Música celestial, Cartagena, Baladre, 1958.

2. NARRACIÓN

Tentativas, Madrid, Adán, 1946; 2.ª ed., Barcelona, Seix Barral, 1972.

Lázaro calla, Madrid, S. G. E. de L., 1949; 2.ª ed., Madrid-Gijón, Júcar, 1974.

46

Penúltimas tentativas, Madrid, Arión, 1960.
Lo uno y lo otro, Barcelona, Seix Barral, 1962.
Los buenos negocios, Barcelona, Seix Barral, 1965.

3. TEATRO

El relevo, San Sebastián, Gora, 1963; 2.ª ed., Madrid, Escelicer, 1972.

4. ENSAYO

El arte como lenguaje, Bilbao, Ediciones de Conferencias y Ensayos, 1951.
Poesía y verdad, Pontevedra, 1960; 2.ª ed., aumentada, Barcelona, Planeta, 1979.
Exploración de la poesía, Barcelona, Seix Barral, 1964; 2.ª ed., *íd.,* 1971.
Castilla, a cultural reader (en colaboración con Phyllis Turnbull), Nueva York, Apleton-Century-Crofts, 1960.
Inquisición de la poesía, Madrid, Taurus, 1972.
La voz de los niños, Barcelona, Laia, 1972; 2.ª ed., *íd.,* 1975.
Bécquer, Madrid-Gijón, Júcar, 1972.
Los espacios de Chillida, Barcelona, Polígrafa, 1974. Hay traducciones al francés, inglés y alemán.

5. TRADUCCIONES

RAINER MARÍA RILKE, *Cincuenta poemas franceses,* San Sebastián, Norte, 1947.
WILLIAM BLAKE, *El libro de Urizen,* San Sebastián, Norte, 1947.
JEAN ARTHUR RIMBAUD, *Una temporada en el infierno,* San Sebastián, Norte, 1947; 2.ª ed., Madrid, Visor, 1969; 3.ª ed., *íd.,* 1972; 4.ª ed., *íd.,* 1979.
PAUL ELUARD, *Quince poemas,* Guadalajara, Doña Endrina, 1954.

6. Algunos estudios sobre su obra

El repertorio bibliográfico más completo sobre Gabriel Celaya, pero sin actualizar, es el que acompaña a la edición de Aguilar, 1969, de *Poesías completas.*

Aleixandre, Vicente, Prólogo a *Poesías completas,* Madrid, Aguilar, 1969.

Brooks, Zelda I., *La poesía de Gabriel Celaya: las metamorfosis del hombre,* Madrid, Playor, 1979.

Cano Ballesta, Juan, *La poesía española entre pureza y revolución,* Madrid, Gredos, 1972.

Carnero, *Guillermo, Poesía,* núm. 2 (1978).

Castellet, José María, *Un cuarto de siglo de poesía española,* Barcelona, Seix Barral, 4.ª ed., 1966.

García de la Concha, Víctor, *La poesía española de posguerra,* Madrid, Prensa Española, 1973.

González, Ángel, *Gabriel Celaya, Poesía,* Madrid, Alianza, 1977.

González Muela, Joaquín, «Una revelación extraordinaria: las *Tentativas* de Gabriel Celaya», *Destino,* 25-I-47, Barcelona.

Grande, Félix: «Poesía en castellano, 1939-1969», *Cuadernos para el diálogo,* mayo, 1979.

Ifach, María Gracia, Prólogo a *Cuatro poetas de hoy,* Madrid, Taurus, 1963.

Jiménez, José Olivio, *Diez años de poesía española,* Madrid, Ínsula, 1972.

Pérez Masegrosa, Alberto, «*Tentativas,* de Gabriel Celaya», *Ínsula,* Madrid, enero, 1947.

Rubio, Fanny, *Las revistas poéticas españolas, 1939-1975,* Madrid, Turner, 1976.

Torrente Ballester, Gonzalo, *Panorama de la Literatura española,* Madrid, Guadarrama, 1965.

Valverde, José María, Introducción a *Poesías completas,* de Gabriel Celaya, Barcelona, Laia, 1977.

Memorias inmemoriales

Mais cette certitude: que l'homme n'a pas toujours été ce qu'il est, permet aussitôt cette espoir: il ne le sera pas toujours *.

---

* Pero la certeza de que el hombre no ha sido siempre lo que es permite la esperanza de que no lo será siempre.

Prólogo

A cierta edad, como si advirtiéramos que hemos agotado nuestras posibilidades, el porvenir deja de preocuparnos, y el pasado, en el que antes apenas si pensábamos, empieza a acaparar nuestra atención. Es el momento en que muchos, aun los que nunca se tuvieron por literatos, sienten la tentación de escribir sus Memorias o su Autobiografía. Y si no lo hacen, nos aburren a todos con la cháchara de sus recuerdos.

El carácter senil de esta actitud —tan opuesta a la del adolescente que con gesto rebelde y limpio rechaza en bloque cuanto le antecedió, y que todo lo espera del futuro— es evidente. Pero todas las etapas de la vida tienen su sentido, y también esta última lo tiene por encima de lo que en principio parece una renuncia.

¿Qué se pretende con este contar o recontar una vida aparentemente acabada? No volverla a vivir sino algo más. Porque recapitularla es tomar conciencia de lo que hemos hecho, vernos como no nos veíamos cuando actuábamos, y, en último extremo, tratar de encontrarle un sentido a lo que quizá no lo tiene. Pues lo que no podemos soportar es que nuestra vida no haya sido más que una sucesión de días inocuos sólo interrumpida de vez en cuando por pequeñas catástrofes financieras o sentimentales. De ahí que toda Autobiografía tienda a ser —y ya veremos que tiene que serlo ineludiblemente— una fábula.

51

¿Qué ocurre, por ejemplo, con esas Confesiones que se dan por muy veraces? Pues que cuanto más patéticamente nos anuncian que el autor nos va a revelar sus más íntimos secretos, y que no va a vacilar en atacarse a sí mismo y en ofrecernos un *strip-tease,* más derivan hacia lo teatral. Y no es que el autor quiera engañarnos, sino que se engaña a sí mismo con esa comedia de la sinceridad que tan brillante papel le procura y que él exagera, lo cual es otro modo de mentir. A fin de cuentas, preferimos parecer malos, repugnantes u odiosos que ridículamente insignificantes. Según es sabido, una voluntad de poderío puede manifestarse como un ataque contra sí mismo. Es el caso de un San Agustín y de un Juan Jacobo Rousseau, tan dados a las confidencias románticas del yo como alejados de la fidelidad a su propio ser.

Pero hay algo aún más grave en la estructura de las Confesiones, y es que la narración está concebida desde un punto final —redención, iluminación, arrepentimiento o moraleja— que convierte todos los momentos anteriores en meros lugares de paso hacia esa resolución. En realidad, todo momento vital es un total que se basta a sí mismo, y que por otra parte reasume todo el pasado desde su puro e instantáneo punto de vista. Por eso decía Goethe: «De lo que se trata en la vida es de la vida misma y no de un resultado cualquiera.» Los autores de Confesiones entienden al revés, que todo su pasado es vano en tanto no apunta a una situación privilegiada en la que se detienen sin dar lugar a que la vida siga su curso, convirtiendo la «moraleja» de un día en algo transitorio. Y así descalifican el pasado, obturan el porvenir y convierten en dudoso lo que quieren darnos por definitivo. Pues si todo nuestro ayer fue un error, ¿cómo no dudar de nuestro presente? En una palabra, como decía también Goethe, la autenticidad exige que «nada nos impida ser tan verdaderos, y buenos, y malos, como la Naturaleza». Pues ¿qué podría esperarse de nosotros si nos desarrolláramos linealmente, y no dialécticamente, entre contradicciones que nos enriquecen?

Por otra parte, si un mismo hecho se nos muestra absolutamente distinto según en qué momento lo recordamos, pues no hay nada tan engañoso y cambiante como la memoria, cabe pensar que quizá no haya mejor espejo de una persona que su Diario. Pues es evidente que en punto a autenticidad, si no a verdad, ninguna confesión *a posteriori* supera a esas espontáneas notas cotidianas, en las que no hay momentos privilegiados y en las que esa serie de mentiras aceptadas y de impresiones pasajeras que constituyen, más de lo que pensamos, las metamorfosis de nuestra verdadera vida, nos muestra tan buenos como malos o —más tristemente— ni buenos ni malos.

Quizá sólo algunos Diarios, como el de Gide, por ejemplo, nos den, justamente por su carácter proteico, la verdad de ese esfuerzo tan obsesionantemente humano, de tornar transparente el caos, dominarlo, organizar el desorden, racionalizar las crisis, y entendernos a nosotros mismos, tantas veces movidos por fuerzas e influencias que desconocemos. Lo curioso es que cuanto más auténticos somos más nos parecemos a todos, y cuanto más falsos, más superficiales, extravagantes y «personales» resultamos. «Chaque homme —decía Montaigne— porte la forme entière de l'humaine condition.» Y quizá el fin de las Autobigorafías —advertimos de pronto— no sea el signar lo único e intransferible de un hombre determinado, sino el elucidar lo que tiene de común su condición. Y quede lo pintoresco para el circo de lo anecdótico. Porque ser vulgar es algo mucho más serio.

Lo malo de los Diarios, aun cuando no degeneren en sentimentales y confesionales, es que fuerzan nuestra atención a lo inmediato del «cada día». Llega un momento en que, en nombre de una supuesta objetividad y de una neutralidad que se niega a valorar, no hay nada que no parezca importante. Y así nos sumergimos en la banalidad de lo cotidiano, y en ese caos de lo minúsculo e insignificante que nos bombardea desde todas partes, disgrega nuestro ser radical y nos distrae de lo que realmente es importante. Frente a esto, recordaré que, como decía Keyserling —que tanto me ayudó en mi juventud—, lo importante no son los hechos en sí sino el sentido que en ellos vemos. Pues éste es el que nos configura, y no la presión ciega del mundo exterior.

Si nos empeñamos en explicar lo alto por lo bajo —y, a veces, recordando el peligro de las sublimaciones o de las superestructuras, eso es lo que parece más digno de fe— no nos resultará difícil reducir nuestra vida a sus elementos primarios (coboldos psíquicos y micros atómicos) y descubrir lo ramplón, carnavalesco y mísero de nuestras existencias como última e insuperable realidad. Pero encontrar un sentido que trasciende esa vida elemental —y que lejos de negarla, la asume— es la operación propiamente humana, y la que incumbe, por encima de los Diarios, a las Autobiografías, según yo las entiendo; es decir, en la medida en que dan de lado el realismo anecdótico, y en cuanto son prototípicas más que subjetivas: Autobiografías que, así entendidas, a mí me gusta llamar Memorias Inmemoriales.

A fin de cuentas «la experiencia de cada uno es la experiencia de todos», como sentaba Gérard de Nerval, y es esta experiencia fundamental la que trasparece en las vidas más insignificantes en apariencia, pues todo acontecimiento es simbólico «y de paso que se representa a sí mismo acabadamente, alude a todo lo demás», subrayaba Goethe. Esto es lo que he tratado de desvelar en mi existencia y lo que a veces me ha parecido lograr. Por eso, aunque este libro es en cierto modo una Autobiografía, si alguien buscara las circunstancias anecdóticas o documentales que suelen recogerse bajo tal título, quedaría decepcionado; aunque, por otra parte, es posible que a través de este texto puedan percibirse, en filigrana, datos muy concretos de mi peripecia vital. De todos modos, por si hay curiosos impertinentes, diré que próximamente publicaré —al margen de los setenta y tantos carnets que llevo escritos desde que tenía dieciséis años, y que en realidad son notas de trabajo, y no lo que suele llamarse un Diario— unos Suplementos Autobiográficos. Si me cuesta hacerlo, no es porque mi pasado me produzca rubor, sino porque me parece peligrosa esta complacencia en hablar de uno mismo que tan fácilmente suele degenerar en cháchara senil.

Con *Memorias inmemoriables* estoy contento. Bueno o malo, es un libro que necesitaba escribir: El que hoy prefiero a todos porque creo que los resume.

I

Historia natural

Recuerdo: ¡Recuerdo tanto! Pero no con la memoria, en la luz, sino vaga, entrañable, cenestésicamente[1], con la indefinida hediondez de la carne y de unas células anónima y brutamente proliferantes que, latiendo en la ciénaga, puntúan resplandores, dudan, vuelven, insinúan como en sueños un posible sistema, tantean con órganos tiernamente torpes y recientes las tinieblas, llegan hasta tocar el límite pensable, mas, ¡ay!, irritadas, sensibles, se retraen enseguida con un estremecimiento metafísica y dolorosamente animal.

Nada me autoriza a decir que soy yo quien recuerda así. Uno recuerda. Es decir, algo no personal funciona en Uno como recuerdo, si recuerdo puede llamarse a ese rastro carnal anterior a la conciencia. Mas aún con esto, salvada la cuestión metagramatical del sujeto, ¿qué quiere decir, cuando se llega a esos extremos, recordar? ¿Resplandecer? ¿Hundirse desapareciendo? ¿Sorprenderse a sí mismo por la espalda?

Hablo de una presencia que no es enteramente humana, y que en mí vive aún, y seguirá viviendo baja o altamente después de mi muerte como vivía antes[2]. No antes de lo que llamo mi nacimiento sino antes del tiempo, elemental, amortal, fuera de curso, transmental, como ahora, ahora mismo, sin yo.

_____

[1] Cenestésicamente: con sensación de existencia del propio cuerpo independiente de los sentidos.

[2] Como vivía antes: tema del eterno retorno presente en toda la obra por influencia directa de Nietzsche.

Digo «ahora». Y en este ahora, y en cada uno de mis ahoras sin más ni más puestos en vivo, soy un punto alarmante y provisional: Sólo un punto clamante: Un aviso mortal que llama estrepitosamente un momento creciéndose, y enseguida, atropellado por las mil minúsculas urgencias de lo cotidiano, se confunde y desaparece. Soy lo corriente. O la corriente. Lo que fluye y se sobreentiende por mucho ruido que haga en la superficie: Lo que automáticamente se substituye: Lo común.

Me pierdo. Me exalto. Y en este promiscuo inframundo desde el que trato de salir a la luz —parloteando, parpadeando, sobresaltándome—, aunque me hundo enseguida, hago un gesto vulgar y heroico con lo que casi parece una mano. Surjo un momento de la charca, saludo la sequedad de los astros en su punto, y enseguida, vuelvo a desaparecer, vuelve a desaparecer mi mano, vuelve a desaparecer todo bajo las aguas infinitamente informes.

¡Ah! ¡Ay! En el océano transverberador, ¿qué quieren decir «aún», «después», «a la derecha» o «no es mi culpa»? Nada significa nada. Hay una espiral mágico-mecánica que gira y gira: Gira tan rápidamente que ya no se sabe si sube, o si baja, o si, vertiginosamente estática, permanece inmóvil y se devora a sí misma transiluminándose, desintegrándose en el absoluto porque sí del acto puro, central y sin objeto.

¿Dónde estoy cuando me hundo? En ninguna parte si es que a este modo de insistir en el vacío puede aún llamársele «estar». ¿Quién es entonces el que no soy, y en mí, fuera de sí, alocado, apuesta a lo imposible o llama bello a lo impensable, y cree que todo lo dice sin decir nada cuando canta o quizá sólo aúlla?

La espira gira, y el tornasol que, a fuerza de velocidad, resuelve esa espira en los colores invisibles del iris negro, abre sigilosamente la cerradura irracional del recinto secreto con una última y decisiva vuelta de llave maestra. Es el éxtasis material: Sagrada y horrendamente material. Y en él, todo acaba. Y todo está perpetuamente empezando. Uno abre lo que ya no son sus ojos y ve que no hay ni arriba ni abajo. Es la noche [3]. La radiación puramente expansiva: La velocidad sin dirección que llamamos espacio: El corazón sin estrellas y sin perdones: La exaltación más allá de todo posible punto de referencia o de descanso provisional.

Vivo así, si esto es vivir, más allá o más acá del Hombre, sin yo, sin tiempo, sin una esperanza que me permita sentirme centralmente proyectante, sin un pasado que pueda llamar estrictamente mío.

En la pizarra negra del cielo, cuajado de complicadísimos sistemas que ensayan la demostración de nadie sabe qué teorema, deletreo pese a las brillantes apariencias: «Peligro de vida.» Y una esponja fría y verde de estrellas desaguadas borra enseguida el escándalo de esos anuncios luminosos, y es como quien acaricia, o como quien se muere, o como quien simplemente pasa —deja que tolo pase—, resbalando en el cansancio de unos larguísimos brazos desnudos de amante fluvial.

Se invoca la noche. Se evoca la noche. Uno está a la vez dentro y fuera. Se entrega: Vive de algún modo que no es un hombre, sino, menos o más que hombre, eso, lo anterior e inmemorial que quizá inventamos, ya que no puede decirse que realmente haya ocurrido; o lo que de puro nostálgico se confunde con el siempre posible futuro; o lo que no puede ser y hace, sin embargo, que Uno sea el que es del modo más impensable y más natural.

---

[3]   Es la noche: Aparte las ideas del origen acuático y del magma informe, aparecen aquí las de la noche. Véanse los primeros capítulos de *Himnos a la noche* de Novalis, una de las lecturas frecuentes del autor (ed. cast. de E. Barjan, Madrid, Editora Nacional, 1975, págs. 45 y ss. Vid. también «Presencia» en *La soledad cerrada*.

Es la noche: La luz del ojo que no ve, la velocidad hacia dentro. Todo da vueltas en torno adonde Uno debiera estar y no está, se despiensa, flota. La sonrisa dibuja el borde del abismo. Y hundirse —vértigo— es caer hacia arriba.

¡Tiniebla esplendente! ¡Disparo al cero! ¡Azul invisible! ¡La luz brilla, explota más allá de sí misma, se convierte en la negrura absoluta y en la radiación que de puro violenta traspasa la conciencia sin romperla ni mancharla, desconociéndola sólo, proyectándose fuera de todas sus posibles representaciones.

No hay que alarmarse. No es nada. Es la nada: La noche que algunas veces vemos, nunca entendemos. Algo excesivo, fascinante por eso y quizá espantoso en último extremo: Lo arcaico: Lo siempre y nunca visto: Lo que somos sin saberlo: Lo que éramos ya antes de nacer individuados pero nunca nos atrevimos a mirar de frente.

¡Recuerdo! Y no es mi yo, ni siquiera mi cuerpo, quien recuerda. Es sólo la carne informe y espasmódica.

En este caos, que parece místico y es sólo brutalmente material, ¿quién testifica? Pese a todos los pesares, sólo el hombre hecho y derecho que, en su límite —en un límite que no puede ni aceptar ni negar—, se apuesta desesperadamente a sí mismo contra la nada: Juega a perderse para ser de algún modo o para ser más alta y firmemente contra todo.

Hay un momento en que la luz —todo lo posible, vulgar y milagrosamente consciente— se niega a sí misma por exceso. Pero esa negación de la luz no es la oscuridad, sino el misterio: La tiniebla que irradia. Y en ella todo parece traspasado, todo comprensible: El mal y el bien, lo alto y lo bajo, y el absurdo del yo, y la alegría irracional de existir, y los otros, y Uno —que no es nunca el que es sin esos otros—, precioso como cualquiera, único como lo único, obtusamente igual a sí mismo pese a todo, increíblemente real, imperdonable y perdonable.

Paz y paciencia: Paz vasta, quizás inhumana más que divina. Absolución de los pecados necesarios. Razón de las sin-razones. Origen del origen que simple e incomprensiblemente sonríe, sólo sonríe, cuando Uno creía que estaba blasfemando.

Qué puede escribirse en el agua? Nada. Lo sé. No obstante hay flores que brillan como si explotaran y existencias que salen de sí inaugurándose hacia lo externo. Es el principio del fin: El milagro de cada día: La vida abierta: El instante imprevisto: Lo simple y rabiosamente real que salta fuera de la ley, quizá contra la ley.

Pero aun si esta proclamación fuera contra alguna ley, ¿cómo condenarla? Cuanto existe, existe porque sí. Se desconoce a sí mismo. Brota sobreabundando fuera del fulgor del Ojo único que todo lo ve, nadie ve. Y es. Y se expande. Y se anula. O irradia hasta el límite y mata hermosamente, cantando en «sí» las apariencias que se dicen en su ser mortales, y sólo en su ser mortales, de verdad: Claras, y simples, y odiosas; y bellas, y reales, y estúpidas: Santamente necesarias.

¡Ah, recuerdo! Con cada una de mis células vivo el origen, soy materialmente prehumano.

Este es el comienzo, sólo el comienzo, de una aventura que no puede terminar. El tornasol nocturno, transverberado de blancuras fosfóricas, abre con sus giros alucinantes un vértice dulce y casi asquerosamente oloroso: Un cáliz de adorable y sorbente sexualidad femenina rodeado de palpitantes pétalos: Una herida o flor llameante cuyos labios sensibles se estremecen, se acercan y se rehúyen, temen tocarse.

Un temblor indefinido recorre el mar. ¿Qué pasa? No pasa nada. Nunca pasa nada. La Madre me envuelve en su rezo monótono y pacificador. Todo da igual. Todo se perdona. Nada cuenta. Y entonces, Uno comprende demasiado. Comprende tanto que ya no se sabe quién es. ¡Ah, se dice piedad y debiera decirse sólo anchura! Porque en la anchura todo cabe: Los gritos no suenan; dejan de ser gritos en la medida en que son ampliamente acogidos: Disueltos más que resueltos: Reconocidos: Traspasados.

El Hombre emerge y se sumerge. Y vuelve a emerger, pensándose, un momento. Y vuelve a sumergirse. Y se siente perdido, perpetuamente propuesto, nunca realizado, oceánico.

¿Quién soy? ¿Quién es? Siempre un recién nacido que, desesperado, desbarata en gestos atropelladamente motores sus piernas y sus brazos como si aún estuviera en el mar de los orígenes y patalear o nadar, sólo nadar, fuera la salvación. Un instinto primordial le dicta arcaicos gestos ondulatorios. Y se estremece de la cabeza a los pies. Y se revuelve. Y colea. Y se siente así en su elemento. Y es como si, en su desamparo, el pez Oanes [4] rezara con él: «Quiero creer en el agua salobre de tu origen, Madre; y quiero creer en mis lágrimas espesas y calientes de sustancia entrañable; y quiero vivir como si no hubiera un dentro y un fuera, respirando en lo impalpable, sosteniéndome en lo inconsistente, confundiendo el móvil y el movimiento en lo que inapresable e irrestañablemente fluye.»

¡Madre! Uno te llama Noche para no llamarte nada. Te llama Tornasol para sentirse, menos y más que niño, en el centro de tus vertiginosas posibilidades.

Mar, mar [5], origen y fin, delicia líquida, caricia resbalada, amor ambiguo, náusea voluptuosa, asco de cola suavísima e inacabable, muerte de brazos serpentinos,

---

[4] Pez Oanes: Pez - hombre.

[5] Mar: Mar, madre, amor son conceptos cosmogónicos que aparecen siempre relacionados en la existencia prehumana. Cfr. «El agua que sin más ni más se ondula/me cuna-madre-me devora-amante». *Cartas boca arriba,* pág. 20. Relacionado también con el océano psicoanalítico y el útero materno.

demora sensual, ¿cómo expresarte? Eres el agua material e inapresable, el agua madre, sólo el agua latente y primordial, el hecho físico que llamamos agua. Y me meces interminablemente; y me hablas como a un niño con tu balbuceo.

Trato de detener el vaivén. Trato de pensar. Pero me digo: Mi Historia, todo lo que nuestra mayúscula Cultura llama Historia, ¿no es algo episódico y banal si lo sitúo en el horizonte de esta vastedad? Y si es así, ¿cómo decirlo? ¿Quién soy yo, que creo pensarme desde fuera de mí, como si eso fuera posible?

Todo escapa, explota hasta la sorpresa, dispara el rayo instantáneo de lo felizmente irracional y real, me vence. Y así hablo como si delirara de mi arcaica vida marina y de mi fabulosa Historia Natural, aunque no hay nada más positivo y más concreto. Hablo de una evidencia increíble, brutalmente visible, físicamente inhumana. Y noto cómo mi pretenciosa historia personal de hombre que cuenta su caso sólo es un episodio premioso y complicado, difícilmente recordable e inútilmente repensado, que una ola cualquiera barre hermosa y limpiamente hasta la orilla en que todo acaba en un murmullo indistinto y en un pacífico olvido desdentadamente contado por el Anciano que chochea las mil y una del cuento de nunca acabar.

Bello es lo bello. Bello el sol que, sin edad, brilla puntual. Bello el mar que se extiende y resplandece, cambia sin cambiar, se desliza —total, indiferente— y, lento, lento, acaricia con una lengua larga sus heridas momentáneas; y las cura, e iguala, y aplaca. Bello es, y en él no hay dolor, ni conciencia, ni abertura durable, ni herida o yo clamante. Todo pasa nivelado, dulcísimo, radiante, extensamente extático.

Ante este mar antiguo y luminoso, ¿qué significa ser hombre? Aun dando por buena mi conciencia, ¿qué vale? ¿Acaso el saber quién somos cambia el ser que somos? ¿No es nuestra aventura real, físicamente sufrida aunque no siempre distintamente percibida, lo que puede transformar esa conciencia y abrirnos así nuevos sentidos, y con esos nuevos sentidos, nuevas presencias que ahí estaban pero que no registrábamos ni podremos registrar nunca sin convertirnos en criaturas de otra especie? ¿No éramos ayer mismo tan distintos del que hoy somos como lo seremos mañana, ya transformados en una criatura a la que quizá no cabrá llamar hombre?

El mar brilla y me alucina. El mar ondula y me acuna. El mar me repite monótonamente como a un niño tonto, que mi último sentido no es humano, sino, por exceso o por defecto, algo que siempre escapa a mi sistema de coordenadas mentales. Y así, mientras me trae y me lleva, me canta como en sueños todo lo que tiene de azarosa y deleznablemente fantástica la aventura que me hizo personaje-hombre. Y entonces me siento perpetuamente disponible e idiota, razonable y monótonamente idiota.

Cuando dudo, cuando no sé si dudo o sólo floto, cuando me transaparento, cuando parace que me despienso y en realidad estoy tratando de afirmarme más allá de mi yo inacabablemente ambiguo, ¿qué hago sino nadar?

Estoy en el mar, siempre en el mar de los orígenes; y hoy como ayer, fuera de mí, más allá o más acá del yo, soy una criatura oceánica: Un pez que se hunde en un medio que siente como su propio cuerpo, como su temperatura igual dentro y fuera, como su indefinida tangibilidad, como su cuerpo prolongadamente ondulante. ¿Dónde termino? Soy agua en el agua: no algo impermeable y autosuficiente que se mueve en lo que le rodea como en algo exterior. Porque si cambio, cambia mi medio, aunque sea de un modo imperceptible. Y si el medio cambia, yo soy otro. Tomo y doy; respiro la inundación torrencial que recorre mis órganos cada vez que mi anhelo me pone en suspenso; y me voy, nunca sé hasta dónde, cuando vuelvo de esa acongojante inspiración concentradora derramando provisionales abundancias.

Soy metafísicamente líquido. Vivo sin unidad, ni fin, ni consistencia, en el instante cada vez eterno de mis sensaciones sin representaciones, y en el resplandor sin antes ni después, y en el agujero pasajera y rápidamente iluminado por el que avanzo como un todo momentáneamente evidente. O quizá viva de un modo aún más informe: Soy una medusa impalpable y centelleante, el tejido del iris, la materia en el límite de la transparencia, el velo ardiente que no puede tocarse sin peligro de muerte, porque no es nada más que puro movimiento ante lo absoluto, pura palpitación, agua en el agua, resplandor precioso, joya resplandeciente.

¡Campanas silenciosamente latentes! ¡Valvas [6] húmedas y sonrosadas! ¡Redes reverberantes! ¡Gelatinas sustancialmente sexuales! ¡Lentísimas explosiones de la materia ávida y suavísimamente succionante! ¡Cabelleras impalpable y fosfóricamente blanco-candentes! Sorber, matar sin morder, no saber si Uno come o es comido por el medio en que se hunde abriendo un túnel que se cierra inmediatamente tras él, es la gana, y el asco, y la viscosidad del contráctil intestino reptante, y la glotonería del mundo que nos sacia hasta hacernos suyos en el torpor de una beatífica bestialidad. Y es la salacidad erótica. Y es lo perpetuamente bárbaro y sagrado. Y es la voluptuosidad de sangre fría, que explica por qué nos parecen aún adorables los horrendos y serpentinos ídolos primitivos.

Mar, mar-madre, mar-muerte, mar morosa y murmurante, mar ambigua, viciosa y hasta contra-naturaleza si llamo naturaleza a mi modo moderno de ser hombre, la vida arcaica e imprescriptible que unas veces me fascina y otras me horroriza, se muestra en ti. Y es indefinida, latente y devoradora, duradera a cualquier

---

[6] En esta primera parte son frecuentes las referencias científicas a los estados viscosos anteriores a las formaciones biológicas. En ocasiones, como *sifenóforos* del párrafo siguiente, con denominación científica. Cfr. *Tentativas,* pág. 47.

precio, mansamente implacable, dulce y suciamente envolvente.

Mar, nada te limita. Veo a aquellos en que vives, y a los que te viven tratando inútilmente de independizarse. Veo como míos, más míos que mi yo, porque así fui antes de la reciente limitación de mi conciencia, a los seres que son a un tiempo macho y hembra, o macho y hembra sucesivamente. Veo y siento, fuera del orden humano, a las criaturas que son a la vez vegetales y animales o, contra las leyes simplistas, larvas masculinas que después de nadar libre y autónomamente unas horas, se fijan en una roca, reabsorben sus órganos de independencia y movimiento, y viven pasivamente su mayor edad matriarcal. Veo, estoy viendo y sintiendo que en un pasado inmemorial fui lo gigantesco, indeciso y puramente protoplasmático; y que fui también el minúsculo portador sexual de unos gérmenes explosivos y aventureros lanzados de repente contra la igualdad como un desafío; y que, entre la materia y la existencia, fui y soy padre y madre de mí mismo, o elemento sin título de una colonia de sifenóforos, o quizá, cargado de secretos inconfesables y todavía no conscientes, criatura capaz de reproducirse escindiéndose una y mil veces, desapareciendo sin morir, viviendo materialmente fuera de sí.

Mar, todo es indistinto; todo, intercambiable; todo, como una flor en el color-límite de lo visible, o como un cáncer, o como una enfermedad incomprensible pero preciosa que brilla moviéndose sólo hacia dentro, delirando sólo un poco hacia fuera. Y, en último término, todo es disfraz.

Es la noche de Walpurgis [7]: La más feroz, la más es-

---

[7] *Noche de Walpurgis:* Alusión a la reunión de todas las brujas la noche del 35 de abril, según aparece en *Fausto*. Aquí se refiere a la promiscuidad de los elementos anteriores a la conformación humana en el caos. Cfr. el poema «Con las fuerzas primeras» de *La soledad cerrada,* o bien «Caverna matriz» de *Mazorcas.*

túpida y fantástica explayación de las posibilidades. Es el reino de los monstruos gratuitos. Es la vida real en todo lo que tiene de incalculable y repugnante: La polución promiscua, la pululación informe, la inacabable metamorfosis que va más allá de todas nuestras pesadillas, la terrorífica proliferación de lo que para ser, seguir siendo, inventa lo más inesperado, lo más injustificable, lo más trágicamente grotesco. Y río, me río de mí mismo, río miserablemente. Me revuelvo en los espesores de mi origen y hozo mi abyección como un descanso. Porque no quiero pensar. Porque pensar sería aún peor.

Vuelta a vuelta, hay que seguir. Y, vuelta a vuelta, Uno delira con los ojos cada vez más abiertos, con la cabeza cada vez más vacía y la mente más neutralmente clara. El tornasol gira y gira sin moverse, y arrastra al más abajo del abajo, donde Uno es todo y es nada. O sin cambiar, girando sólo por girar, se hunde vertiginosamente; y se levanta después cada vez más abismáticamente desde dentro. Y se levanta. Y sigue levantándose hasta que Uno pierde el sentido y rompe en convulsiones e inmundicias su provisional sistema orgánico.

Bascas, Dios. Pese a sí mismo, Uno acaba por expresarse como si realmente sólo fuera un hombre: Vomita, adora, desfallece, se entrega a las tormentas de su espasmódica fisiología y a esas exasperadas alarmas nerviosas que piden ecandalosa —y no siempre religiosamente— la salvación personal.

¡La salvación personal! Desde el océano Uno lanza este desesperado S. O. S., y le basta repetirlo, escuchándose, para sentirse ridículo y miserable. Es decir, moderno, nacido hace sólo nueve o diez milenios.

Toda mi Historia es Historia moderna y provisional. Está escrita en los Manuales. No pasa de Cultura. Pero cada vez que respiro, cada vez que palpito poniendo en juego mi complicado aunque elemental sistema de criatura vívidamente realizada, cada vez que utilizo mis manos como quien no hace nada para encender un cigarrillo, abrir una carta, o coger, sin romperlo, algo frágil, ¿qué vieja sabiduría exploto? ¿Qué, sin hacerse sentir de puro logrado, me asiste? La Historia anterior al hombre. La Historia de que no podemos hablar porque la existencia es anterior a la conciencia y no significa nada: Presupone todas nuestras significaciones.

¡Ah! Soy más que lo que sé: Encarno más que cuanto puedo expresar o pensar. Cada estremecimiento de mi piel sensible, cada latido de mi corazón, cada paso que doy, cada espasmo de mis vísceras, cada gesto que hago, es, en su aparente sencillez, la solución difícilmente feliz de un largo proceso que a veces me parece recordar pero que si realmente reviviera me agotaría.

Estoy parado y escucho: Trato de escuchar más y más lejos aunque me parece que siempre oigo lo mismo: Que no estoy, que no trato, que no me parece nada, que no soy el que creo ser, sino algo mucho más antiguo y más real.

¡Recuerdo! Y te escucho, !oh mar!, cada vez desde más dentro y más lejos. Y voy; vuelvo; no estoy en ninguna parte. Valso con las olas rodando y revolviéndome, repitiéndome automáticamente hasta la alucinación. Y a fuerza de buscarme en lo igual de esos giros como en un espejo sin fondo, descubro lo que no soy, lo que siempre he sido sin saberlo más allá de mí, lo permanentemente contradictorio, y más que contradictorio, fascinante, de la voluta vagamente sensual y de la célula indefinidamente multiplicada.

Hay una ondulación físicamente infinita: El agua. Es la suma de las indecisiones insinuantes, la música que renuncia a sonar, la paradójica nostalgia del futuro que me parece recordar porque palpita en mí, y en ti, y en cualquier criatura informe pero ya real, aunque sólo sea como biología cenagosa y sobre-muerte alzada con cada uno de sus latidos contra lo obtuso. ¡El mar, el mar, el mar, que sigue siendo lo que es y, doblemente, como una réplica crecida contra el obstáculo, si se niega a sí mismo y aparenta espuma!

A veces me parece que lo sé todo. Pero si realmente lo supiera, me volvería loco. Sólo a ráfagas veo plenamente lo que no puedo pensar, fui sin duda, debe seguir siendo en mí más que yo, mientras levanto castillos en el aire y proyecto lo que todavía no es conciencia más que en sueños.

¡Tengo tanta Historia! Hablo del mar: ¡El mar! Y me basta respirar su frescor todavía salvaje con mis labios rítmica y físicamente anhelantes para sentir que vengo de mucho más atrás que cuanto mi mente actual puede concebir o mi ser de hombre registrar.

Soy fabuloso: Normal y naturalmente fabuloso, inacabablemente arcaico, posible hasta allá donde mi actual y, sin duda, provisional estado no podrá ni siquiera recordarse. Porque será impensable, como impensable me es hoy mi antigua vida de animal oceánico.

Recuerdo sin conciencia: Sueña mi cuerpo: Revivo físicamente mi pasado con el fango, todavía salino, de mis inundadas plantaciones carnales, y con mis células indeterminadas, hundidas en ese pantano, y con mis vísceras, viscosa y suciamente anhelantes. Y no necesito esforzarme, sino, al revés, ceder, para sentirme en ese pasado mágico y positivo, pues que en él siguen aún chapaleando mis entrañas.

¿Qué soy por dentro? Una ciénaga. ¿Qué es mi sangre sino la mar espesa, dulce y nutricia que conservo y retengo en mi cuerpo mientras por fuera me muestro pelado y seco, casi definido? ¿Qué sería de mí sin la temperatura milagrosamente constante que debo a ese fluido, y sin su punto de salinidad ricamente sustanciada, y sin su exacto grado de densidad siempre bien conservado, y sin sus mareas rítmicamente perpetuas? Aunque parezca una criatura terrena, ¿no sigo viviendo en el originario mar-maternal murmurador del plasma en que mis células necesitan seguir bañándose aunque sea como en un Mediterráneo interior?

Equívocos y cambiantes son mis fundamentos. No la armazón de mis huesos, sino un indeciso y serpentino sistema de corrientes me sostiene. Y así fluyo, fluiré, fluirán, laralé, yolirán, a-i-e, la-la-ah [8]. Digo, doblo, tartamudeo. Parece idiota o delirante. Y en cierto modo lo es. Pero es a la vez lo que, por elemental, prehumano y divinamente animal, escapa a toda posibilidad de enunciación y aun de canto.

¡Yoliray! ¡Ah! Quisiera contar las mil y unas noches de mi carne informe, y de la materia mágica, y de lo física y misteriosamente real, y de las perpetuas metamorfosis. Pero al hablar parece que sólo hablo del yo que corre, no de la corriente que soy. Y, ¿cómo podría hablar de otro modo? Nuestro lenguaje separa el sujeto del verbo y no tiene recursos para expresar ese fluir en el que ambos son una misma cosa no cosificable, actor actuado, actuación sin referencia a algo o a alguien fijamente establecido o recordable.

Hablo y hablo interminablemente. No digo nunca lo que realmente quisiera decir. Me corrijo, añado. Sobreabundo. Sigo y sigo aun sabiendo que es inútil. Pero no puedo parar. ¡Ah, ay! Soy un transcurso. Y no hago yo, ni digo yo. Sólo soy lo hecho y dicho por la corriente.

¿Cómo fijar un grito? ¿Cómo establecer un hito? La mar ondula sin direcciones y en ella no hay sujeto, sino verbo, sólo verbo, mera y estúpida verbosidad quizá, cháchara. Lo acepto. Y rezo: ¡Hágase, dígase, sea! ¿Debo hablar así? No. Ese tono impersonal sería también un error. Pues, ¿qué sino yo, precisamente yo, es ese acto que deviene, y deviene negándose a sí mismo a cada

---

[8] Sobre la aparición e intento de lenguaje antes de la razón y la conciencia, vid. «Ditirambo» de *El principio sin fin, Poesías completas*, pág. 235. «Masa obscura de llanto» de *Movimientos elementales, Ibíd.*, pág. 223 y, sobre todo, «La aventura poética» en *Mazorcas, Ibíd.*, págs. 972-973.

paso, pero no podría devenir sin mí a pesar de que no existo como algo definido en el transcurso?

He aquí el cuento de nunca acabar: El del lenguaje que vive desviviéndose: El del individuo que cree que es sólo un yo y hace como que lo es: El del parlante cualquiera, poeta sin querer, que, como quien no dice nada, dice lo indecible con un modismo, con una automática y fulminante metáfora, o con lo que, entre relámpagos de risa, cree que es sólo un juego de palabras o una ingeniosidad. Y con su charlatanería tan llena de significación justamente por vacua.

Me repito. Vuelvo a hundirme. ¡Ah, ay! ¿Dónde estoy? ¿Quién siente en mí? No es mi yo, no. Es la criatura obscena e indeterminada que se identifica en mí con todo y registra de algún modo lo que no puedo nombrar. Más allá del mundo modestamente humano que he construido con la ayuda de mis cinco sentidos, hay una todopoderosa sensación opaca y global. Y dentro de ella, ver, oír, y aun tocar —pese a lo que tiene de brutamente elemental el tocar— son sólo modos super-elaborados y adjetivos de percibir la realidad.

No, no tengo ideas. No, no pienso. Recuerdo sólo según mi carne. ¿Quién vive? Y tartamudeo más que canto: ¡El mar, el mar, el mar! Y la fuerza vital que no puedo captar me sostiene. Y es como una bárbara y casi cínica afirmación esplendorosa en el vacío.

Quito los poéticos puntos de admiración, y ¿qué queda? Quito los filosóficos puntos de interrogación, y ¿qué-qué? Tartamudeo. Me repito más y más como un tonto. Pido quizá socorro. Me ahogo. No sé quién soy. ¿Adónde voy? ¡Eh! ¿Quién-cuál-cuá? ¡Bah! ¡Ah! Salgo con un respiro. Caigo enseguida, espeso y legamoso, manchado por los musgos húmedos de lágrimas y mocos. Y, alto o bajo, sigo arrastrándome al derecho y al revés. Y alalá, sin dirección, me digo, mendigo o dice algo en mí: «¿Quién va allá?» Y sí, sí, silbo. Y duro. Y soy, soy. Pero ¿quién soy?

¡Ya-ya-ah!, tartamudeo. ¡Ayayay!, me lamento. Beso el mar en sus labios dolorosamente sensibles. ¡A-i! ¡Ahí! Sólo por bárbaro y sexual existo. Y hablando en bárbaro, y enconando los gritos del animal que ya casi traspasa sus límites al obrar así, mastico y trabajo los tiernos alaridos salvajes y los lamentos sensuales y delirantemente mortales, hasta hacer de ellos palabras o sonidos articulados e inteligibles.

Me repito. Me masco. Me edifico. Me niego y a la vez me impongo a mí mismo en tanto que me crezco, siempre igual y siempre distinto. ¡Ay!, tembloteo blanda y pegajosamente acariciado por el légamo de mis orígenes, y comprendo más allá de mi razón —si esto es comprender, y no destruir mis únicas posibilidades— que el mundo no tiene consistencia, que no se encamina a nada, que es lo que es cada vez repentina, total y pasajeramente. Pero entre mi sumisión prenatal y mi muerte, en el instante brevísimo pero todo mío en que reino, establezco un orden. Y sólo en tanto que lo establezco, vivo de verdad y soy lo que soy: Hombre.

Sé que mi razón no es la Razón mayúscula, sino un hecho episódico y terrenal. Sé todo lo que tiene de arbitrario y fantástico mi sentido común. Sé que sus categorías ordenadoras, aunque hoy, a los sumidos en su confort mental les parezcan vulgares y casi estúpidas, fueron geniales y atrevidos descubrimientos que nos salvaron del caos. Sé.

Cuando hablo de «cosas», como si lo que existe fueran «cosas» y no relampagueantes y provisionales conjuntos de sensaciones; cuando hablo de «lo mismo y lo distinto» como si todo no fuera un flujo continuo; cuando hablo de «causas» y del «tiempo consecutivamente enumerable» como si hubiera un antes y un después irreversibles y no una confusa interacción que a veces, como en lo que llamamos Destino, funciona, contra las leyes físicas, de adelante a atrás; cuando hablo del «espacio» como si algo respondiera realmente a ese concepto de un ámbito estático y neutral, ¿qué hago? ¿Descubro? ¿No estoy más bien colonizando un mundo para hacerlo así habitable? ¿Cómo me atrevo a dar por evidentes mis fábulas mentales? Por legítimamente orgulloso que me sienta de este dominio salvado del caos y hecho a la medida del hombre, ¿puedo olvidar que sólo arbitrariamente lo creé desde la materia indefinida en que estaba sumido? ¡Ay! El caos me envuelve.

—«Esto es esto, sí. Esto y no otra cosa. Sólo esto. Precisamente esto y nada más que esto.»

Pero, aunque me lo digo y me lo repito, ¿cómo creerlo del todo? Lo que evidentemente existe fuera de mí sólo es un flujo cine-fantomático [9] de sensaciones. Y en ese flujo no hay causas ni efectos, ni precedentes y consiguientes, ni diferencias decisivas entre lo uno y lo otro, ni orden, ni género, ni número. Todo es gratuito, indistinto, fabulosamente fatal, imprevisible y realmente real: Absurdo. Pero el que me parezca absurdo no quiere decir que carezca de sentido. Lo que pasa es que tiene un sentido no humano.

El hombre es joven. Apenas si acaba de nacer frente al mundo sagrado y horrendamente arcaico de lo inmemorial. Y Uno, infantilmente racional, se empeña en creer que las apariencias no se bastan a sí mismas y que presuponen algo permanente: Una meta si transcurren, una intención si irradian, un pecado original si duelen. Pero lo que se muestra, se muestra, y quizá el mostrarse sea su todo; y su luz, lo instantáneo; y su ser —si esto es ser— la maravilla de las metamorfosis perpetuas e impensables, sensacionalmente simples, fabulosas como un color o un sonido que de pronto nos colma, vibra hasta nuestras terminaciones más sensibles e, invadiéndonos con gloria, nos ocupa y opaca, cegándonos a todo lo que no sea ese «ahora» paradamente fascinante, fulminante y total de la sensación inmediata.

Así, al margen de mi burdo pero precioso sistema

---

[9] Cine - fantomático: Compuesto de movimiento y apariencias.

mental, ocurren los mil y un acontecimientos del día. Y aparecen y desaparecen, reverberando, impresiones no registrables pero hirientes, dulcemente hirientes como una lengua de llama amorosa, porque el dolor, aun el dolor físico, es en los rinconcillos secreta y voluptuosamente pecadores, el anuncio de un algo más. Y así, mil llamaradas tiemblan y brillan sin saber cómo ni por qué, y se presentan como lo brutamente mágico e irremediable que Uno desecha, trata de desechar, para salvar el orden en que subsiste. Y así Uno, constante y torpemente, va colonizando el mundo que no significa pero existe, no deviene pero dura, no puede creerse, no quiere creerse, es necesario no creer para preservar lo frágil y precioso, todavía útil y poéticamente mordiente de ese sagrado sentido común que, como si nada, nos salva de lo indistinto y emocionalmente oceánico.

En la indefinición básica, Uno quisiera fijar sus términos: Sus dioses lares [10], sus adorables e históricas medidas o modos de ser limitado y constatable. Pero ¿qué no es flujo? Y ¿qué no es apariencia? Y a fin de cuentas —de esos fabulosos cálculos y cuentos que llamamos Cultura—, ¿por qué llamamos apariencia, sólo apariencia, a lo vivaz, como si detrás hubiera algo delirantemente meta-real, fantásticamente último, frenéticamente ideológico o primitivamente platónico, que nos permitiera ver eso, lo feroz y directamente mostrado, como un aspecto accidental de su idea?

Allí, aquí, donde estoy sin saber quién soy, sólo hay situaciones puntuales, situaciones totales, situaciones sin sentido ulterior. ¿Qué significa «allí»? Uno está aquí, cada vez sólo aquí, cada vez plenamente aquí, como una ola que rompe, sin ojos, sin oídos, sin sentidos, pero vivo, realmente vivo, animado hasta los últimos extremos por el torrente de una sensación irracional que se nos da

---

[10] Dioses o lares: los dioses romanos de la casa. Empleados por Celaya para referirse a los propios límites humanos dentro del caos y en el final de la obra a los refugios provisionales —también humanos— ante la nada final.

como un regalo o un presente sin determinaciones ni precisiones de puntos particularmente hirientes, resplandeciendo, rodando envolvente, imponiéndose como una ciega y maciza evidencia que no deja resquicios ni para los suspiros, ni para las preguntas de última hora.

La medusa [11] y el cefalópodo, el platelminto y la raya, los centelleantes e impalpables infusorios, y los potoszogos y vosogos rosáceos y gaseosos, y los voraces orocios, y las amibas blandamente envolventes, y los esferínteros, y las algas de color cambiante, y las gelatinosas pantelusas, y las noctilucas, y las mariposas de agua, ¿qué son sino presencias vivaces e impalpables, vistas y no vistas, que llamo accidentales, pero que en su dentro —en el dentro donde nada pasa salvo el perpetuo pasar sin diferencias— son eternas sin milagro, luminosamente aparentes de una vez para siempre?

La vida es una revelación: Una continua sorpresa tanto hacia arriba como hacia abajo: Una horrible burla a veces, demasiadas veces, y un exceso siempre. Renuncio a considerarla como un material que podría trabajar mi aparato mental. Renuncio a creer que mi ser esté llamado a conocer —vivo bruta y simplemente— vivo de verdad. Y en esta vida no hay tiempo propiamente dicho, ni sentido lógico de la ilación. Cada instante es un absoluto: Una rebelión, revolución o revelación: Una maravilla: un regalo:: Un presente.

¡Soy tan antiguo! Mis células saben mucho más que mi yo. Pero todo en ellas es puntiforme e inconsecuente: Se manifiesta y, en lugar de proseguir, desaparece. No hay cosas, ni sustancias, ni yoes. Nada permanece, adorable, como una posibilidad de salvación o como un último recurso. No hay ídolos imperantes, ni animales sagrados,

---

[11] Enumeración de protozoos acuáticos, similares en el plano metafórico —aunque no tanto— a la existencia oceánica que aquí se describe poéticamente. También en *Lo demás es silencio* (*P. C.,* pág. 453).

ni héroes ancestrales, ni hombres que Uno pueda llamar tales porque algo dura en ellos idéntico a sí mismo. Sólo hay resplandores alucinados. No medidas, ni palpitaciones contadas, ni pasos que, al ir y venir por el vacío escuchando en la soledad su eco, limiten y colonicen un espacio habitable sin más infinito que el de una barata y fácilmente repudiable melancolía evocadora. No hay nada estable. Nada sano. Nada señalado. Todo se nos escapa, burlándose, con un centelleo.

Parpadeo: Cuando traslado una cosa de un lugar a otro, se transforma. No es la misma cosa puesta en un lugar distinto. Es otra cosa que no sé de dónde ha surgido: Un milagro: Una presencia que nada explica ni justifica: Una luminosa, gratuita e improrrogable manifestación. Y así, en el curso de estas gloriosas y efímeras epifanías, me exalto y me anulo, me siento instantáneamente realizado y a la vez perpetuamente inacabado. Y comprendo que mi Historia Natural es la Historia que no puede contarse, mi Historia real, mi verdadero cuento. Y vivo, desde mi fundamento vegetativo-animal, por qué, sin razones, fui. Y aunque me sé contradictorio y complicado, soy, sin introspecciones psicológicas, un primitivo fascinado por las irracionales fábulas y las delirantes metamorfosis de cualquier Mitología. O por las de la Física, no menos alucinante.

Uno recuerda. Está en su carne antes que en su memoria. Y recordando así, renuncia por milésima vez a esa tensión mental que quisiera hacer del mundo, otro mundo. Y reposa.

El mar brilla tranquilo, glorioso, estúpidamente azul. Y es como si —prehumano o divino— todo lo abarcara en su ser sin conciencia, acunándonos, extendiéndose pausadamente, apuntando lo posible y borrándolo enseguida como quien borra su sí mismo en cuanto empieza a concretarse.

Mas la tentación subsiste: Uno quisiera creer, por hombre, que hay algo por encima o por debajo de lo que cambia. Quisiera creer que cuanto ocurre obedece a una ley. Necesita creerlo para no volverse loco, para poder seguir siendo vulgar y hermosamente humano, para poder dar por buena la conciencia en que estamos, pesamos, pensamos. Mas la apariencia es la apariencia. Y lo real es la apariencia. Y no hay nada detrás de esa apariencia incongruente por mucho que nuestro aparato vital, creyendo bastarse a sí mismo, se desprenda de su medio y lo toque dolorosa o fugitivamente como algo que a veces descubre distinto; o bien, envuelva y retenga el flujo en su laberinto para escucharlo aturdidamente en las revueltas de sus adentros como si viniera de otro mundo; o bien, vea fuera de sí, con el milagro de esas heridas no cicatrizadas que son unos ojos abiertos; o bien, tan brutamente lógico como táctil, auditivo o visual, pida causa y efecto, pecado y castigo, ley que, racional o irracionalmente, salve el sentido.

¡Ay!, mi cosmos es un cosmos arbitrario; y mi orden, una precaria posibilidad siempre amenazada. Puedo pensar —pensaré hasta el fin de mis días—, pero lo gratuito e insustancial de la vida vivida me burlará siempre, inventándolo todo, hasta los pensamientos con que trato de domeñarla, hasta los despropósitos con que trato de superar esos pensamientos.

He aquí, en el aquí que quisiera todo mío y evidente, lo que se muestra y se oculta: Lo necesario, lo inevitable, lo real: Lo perpetuamente variable: Lo puntualmente infinito que aquí está, y ya no está, porque continuamente sale de sí y hasta se niega a sí mismo para más aventura, desdiciéndose para decirse. ¡Ay! Es como si me burlara: Como si ser consistiera en fluir, y en desubstanciarse, y en volverse y revolverse sobre sí hasta convertir la conciencia en un espejo sin fondo.

Me hundo: Recuerdo: ¡Recuerdo tanto que ya no sé quién soy! ¿Soy al menos un quién? Pongo y quito. Quito y pongo. Parece que estoy jugando hasta la muerte, o quizá con la muerte, y que en mi última inconsecuencia, soy lo inapresable, líquido y santamente originario de la vida inagotable: Materia impalpable, milagro físico pero indeterminable que mis cinco sentidos sólo aproximadamente registran.

¡El mar, el mar!, digo bárbaro y feliz, matinal, locoalegre. Y al respirarlo con cada una de mis pequeñas células, que funcionan de pronto como microscópicas branquias, me parece que acabo de nacer. Veo más que lo que veo en el azul del siempre primer día del mundo. Palpo más que oigo su latido. Y, hablando por hablar, floto donde ya no hay límites y, en verdad, en verdad, no existo, aunque liso y llano, contemplo extático, o ebrio de igualdad y revolucionariamente inmóvil, centelleo.

Recurrente y recorrido, devorante devorado por el torrente de plancton impalpable y sustancioso que me alimenta y del que a la vez soy elemento nutricio, vivo el pez, sorbo —no devoro—, me dejo invadir —no ataco—, soy uno con mi medio. Y sumido en él —en lo líquido que no puede palparse ni siquiera moja a las criaturas marinas—, ondulante, transparente, sin límites, soy el latido de la materia que, apenas insinuada se llama a sí misma, y aunque nunca logra salir de su espesor, ya con ese primer escalofrío y ese primer movimiento que quizá son sólo los del agua físicamente inquieta y movediza, anuncia la vida desamparada. Y se entrega enseguida comprendiendo que no hay distinción posible. Y late, late, al compás de lo indefinido.

No recuerdo. Soy. Es decir, sigo siendo sin ser, indeciso, cambiante. Soy un alga flotante: viscosidad resbaladiza, brillo apenas diferenciable en la extensión que me briza [12]. Soy, sigo siendo, un cuerpo que no pesa. Soy dócil, informe. Soy una medusa en el agua y, fuera del agua, nada. Soy un estremecimiento impalpable pero ultransensible. Soy una niebla de minúsculas y feroces

---

[12] Briza: acuna. Nuevas comparaciones con seres entre animales y vegetales. Cfr. «Soy el agua sin forma que cambiando se irisa/la inercia de la tierra sin memoria que pesa», en «A Blas de Otero» de *Cartas boca arriba.*

esporas lanzadas como un ejército de resplandeciente transparencia a la conquista. Soy la vida latente. Soy un vegetal errátil. Y paso indeciso; hiero por sorpresa; me consumo en mi triunfo: Engendro sin una pausa de conciencia entre mi nacimiento y mi muerte. Soy un animal-flor que, agarrado a una roca submarina, se abre y se cierra espasmódicamente escupiendo millones de nuevos gérmenes agresivos. Soy sensual, acariciador y pegajoso como una valva palpitante o como la entraña al descubierto del amor. No tengo piel. No tengo vergüenza. No tengo un yo en el que refugiarme. Soy una hídrica materia resbaladiza, cambiante, temblorosa, casi invisible, salvo cuando relampaguea. Soy la raya que no nada, vuela en el agua. Soy la campana transparente. Soy el sonido que no suena y el movimiento que no se mueve. No estoy en ninguna parte. Estoy en todas, siempre aquí. Soy la anguila que en cada momento ocupa todo su túnel y de la cabeza a la cola no se recuerda. Y soy también desde mi origen y con mi origen, el más increíble y real de los proyectos concebibles: Soy el Hombre, todavía marino en sus adentros, pero ya en seco pensativo, que damos por evidente, casi por necesario, pero que ayer —hace unos pocos milenios— hubiera parecido inimaginable, y que aún hoy, si uno pone el dedo en la llaga, duele problemático, vuelve a plantearlo todo en el agua que amenaza borrarlo.

Soy, vine a ser así no sé cuándo, con alarma de conciencia, una explayación naturalmente fabulosa y una distancia transparente vertiginosamente puesta entre mi centro receptor y lo otro que me rodea. Y soy una explosión ante un ojo claro y loco de luz neutral.

Soy. Soy. Creo. Soy brutamente glorioso. Soy milagroso según la naturaleza, porque lo natural es trascenderse a sí mismo. Soy incomprensible y elemental porque dos y dos, y otros dos, y más Dios, irracionalmente sumados hasta la luz, dan el total de un grito que abre el abismo al revés de esa altura ante la que me paro mirando lo que no puede calcularse pero brilla, materialmente brilla, y ahí está parado, como si me mirara.

Es el cielo: La gran vibración: El reino de las ondas: El Universo-Luz en que se disuelven los espasmos que daba por más irreductiblemente vitales: La gran calma: La gran necesidad: La solución que no entiendo pero llamo Belleza aunque me aniquila: El cálculo de los cálculos que sólo se calcula a sí mismo: El Gran Juego: La Hermosura estéril.

Recorro el laberinto. Una dolorosa contracción peristáltica [13] o un pez gordo y convulsivo magnetizado por dos instintos polares que le dan que sentir, avanza a sacudidas y me lleva por dentro. Aquí estoy, brillantemente distinto, haciendo funcionar mi motor con rabia y con melancolía, con dentelladas de luz y anónimos arrastres, con lágrimas sucias y extáticas pausas que suspenden todas las preguntas.

Todo fluye [14]; se dice por decir; me abandona, si busco el fondo, en los arenales de la Metafísica pura. Pero si malo es el transcurso del principio sin fin que se desliza entre dos orillas variables como una sonrisa erótico-irónica aletea entre dos labios sin forma, peor es el minúsculo astro certero que apuesta en un grano de sílice iracunda, o la estrella falsamente inmóvil, falsamente grande, en que lo fúlgido y precioso del cielo se para como si no hubiera más, mientras el cuarzo aprieta en su puño las luces crujientes.

¿Qué nos fija, nos tiene en su Ojo, juzga, clava y crucifica? Uno no entiende. Se desespera. Vuelve al mar. Trata de explicarse empezando por el principio. Parece recordar su origen. ¡Es tan sencillo! Pero el mar nos envuelve. No está aquí. No está allí. No es eso. No es nada. Es todo. Arrastra.

---

[13] Peristáltica: Contracción para la progresión de los alimentos en el estómago.
[14] Todo fluye: Reconversión de la famosa frase atribuida a Heráclito.

Uno habla y habla buscando lo definitivo. Quisiera pronunciar una última palabra y detenerse de una vez para siempre, sea para bien o para mal. Pero cada palabra pide otra que la corrija, o la prolongue, o la tartamudee, o la tararee. Y no hay término posible. Porque aun cuando Uno repite, meramente repite, ¿no dice algo distinto de lo que en un principio dijo? Los cambios más grandes son los que el yo no advierte.

Me repito. Aburro. Ya sé. Mi canto suena monótono. Tiene que sonar así para ser lo que es y no sólo decir lo que soy. Estoy en una trampa. ¿Cómo salir? Quisiera terminar. Poner un punto final a mi discurso y a todo. Acabar de hablar, acabarme. Pero, ¿puede Uno morir? El yo, sí, muere, termina mansamente en un suspiro. Pero Uno, el primer nacido, el que surgió antes de la conciencia, ¿desaparece cuando esa conciencia se apaga? ¡Ojalá fuera tan fácil la solución! Porque sobreexistir como fantasma es terrible. Alguien o algo recuerda en mí esa experiencia y me canta desde muy lejos cómo el poder de fascinar se paga con la locura, con la imbecilidad, con la abyección, con lo no pensable. Y me recuerda que yo no me he muerto nunca, que no puedo morir, que fui y aún soy una larva pletórica de posibilidades irrealizadas, que apenas si acabo de nacer: Que soy un acto decidido y sin remedio de largas consecuencias y también un fantasma que no puede recordar todo lo que sabe de su pasado.

Uno quiere, y a la vez no quiere, creer en la posibilidad de la extinción total: Nota que no es nada, que se ahoga y angustia indefinidamente en el mar, que no puede seguir siendo el que es. Pero Uno nota también que de algún modo seguirá siendo, al margen de ese apasionante tiempo creador e histórico en el que quisiera agotarse y cifrarse de una vez para siempre, pero trasciende y a la vez aniquila por biológico, por meramente biológico, perdiendo el cuerpo que llama suyo, perdiendo el yo, perdiendo la dignidad de su postura y mil otras cosas preciosas, para subsistir informe e indeterminadamente como lo que sólo puedo denominar un monstruo.

¿Qué pensa? No hay que pensar. Uno cree y no cree irremediablemente. Se afirma en la plenitud de su exuberancia vital, y entonces siente más lúcidamente que nunca lo que tiene de animal su fe. Y al sentirla así, impuesta desde abajo, la explota: Se impone con ella, se crece contra sí mismo, duda; y comprende que hay algo que no puede acabar, ondula pero no camina, vive de negarse a sí mismo y es metafísicamente insustancial, humanamente indefinible, dialécticamente natural. Es algo que no puede nombrarse y, sin embargo, ahí está, muy cerca. Es el único dios que aún no se ha ausentado: ¡El mar! [15] Y cuando Uno escucha su resonancia en las cóncavas playas deshabitadas, respira más allá de sí mismo y comprende lo que quiere decir estar solo, no ser nadie, seguir y seguir sin final posible.

Hablar, hablar, siempre hablar, como si Uno supiera lo que dice, como si Uno tuviera realmente algo que decir, como si su voz pudiera distinguirse entre las que componen el rumor del mar y alzan la exaltación de la alegría arbitraria que sólo dura un momento y sin embargo es absoluta.

---

[15] El mar: Sobre el hilozoísmo acuático que domina toda la sección, se encontrarán muchas referencias en toda la poesía de Celaya quien es, por cierto, del signo Piscis. Cfr., además, desde el punto de vista mítico, M. Eliade, *Traité d'Histoire des Religions,* París, Payot, 1964, págs. 178-201, o bien Octavio Paz, «Primer día» en *Libertad bajo palabra,* págs. 13-17.

II

Los pasos contados [1]

---

[1] Los pasos contados: En *Penúltimas tentativas*, este apartado se titulaba «Los trabajos y los días» en recuerdo al libro hesiódico en donde se da cuenta del mito de Prometeo.

Desprendido de la vastedad oceánica, abandonado en la orilla, lamido por las tardías y expirantes mareas cenagosas que aún me rezan al oído lo inacabable **pero** que ya no me arrastran allá, a lo remoto, en donde todo es luminoso estupor, vivo un poco más conscientemente —o quizá sólo un poco más lentamente— lo que fue fulgor instantáneo e inapresable en la extensión radiante. Estoy en la arena, tirado[2]. Tan solo, tan condenado al ensimismamiento, que a veces hasta hablo en primera persona para hacer como que existo.

Entre sueños prenatales o fábulas que la conciencia considera fantásticas pero que en realidad cuentan lo que no cabe recordar de mejor manera, Uno balbucea. Y entre espesores carnales, tirones musculares y calambres nerviosos que también quieren significar algo a su modo, cargado de historias que no pueden explicarse por anteriores al tiempo constituido a una con el orden de mi mente, pero que están íntegras tanto en estas sacudidas fisiológicas como en la reverberación de ciertas imágenes alucinantes, Uno va saliendo poco a poco del hastío original y del limo informe. Y va así haciéndose en su mundo, y con su mundo, hombre real. No Uno sino éste, yo.

---

[2] Imagen del hombre expulsado del paraíso —el mar— y arrojado a la playa primera — al mundo de lo seco. Enlace con el conocido mito del náufrago. Cfr. «Unos labios ausentes en la orilla invocaban/los nombres de los dioses» en «El primer día del mundo», de *Movimientos elementales,* y la entrada del protagonista en *Lo demás es silencio.*

Todavía ayer, hace muy poco tiempo, me revolvía indeciso en una matriz tapizada de resbaladizas mucosidades. Y en esa cálida y sombría caverna marina cubierta de gelatinas irisadas y cambiantes prolongaciones tentaculares, era un anfibio negro y lustroso: Una viscosa presencia, un escalofrío a la vista, un movimiento peristáltico materializado, un feto gordo y pegajoso, un tumor indefinido pero ya casi independizado que devoraba sin moverse, una repugnante criatura adormecida en las musgosas anfractuosidades[3] de la oquedad original, algo resplandecientemente nocturno y, aunque ya escapado del mar, todavía cargado de su mansa e indefinida potencia de voluta envolvente, paz ilimitada o secreto permanentemente en latencia. Todavía ayer era eso. Nada más.

Un rumor sordo me acariciaba y me envolvía a la vez por dentro y por fuera. Un cálido y rico torrente de sustancias nutricias recorría mis entrañas y me ganaba hasta las más minúsculas ramificaciones, apuntando allí, aún donde parecía imposible, nuevos brotes, órganos de percepción todavía imprevisibles pero ya presentidos como un estremecimiento, futuros insomnes. Algo había cambiado sin embargo: El mar era mío; yo no era del mar. Oía su golpe ciego e ilimitado allá lejos, fuera, en el azul devorantemente luminoso; y no me dejaba arrastrar. Permanecía recogido en la sombra de mi perpetua invención inmanente. Y acurrucado en la caverna de las oscuras germinaciones, me agarraba a lo mío, a lo que todavía no era yo, pero me anunciaba distinto, limitado, completo, hiriente.

Venía de muy lejos. Y aún dudaba o me arrastraba arcaica y perezosamente. Soñaba la marcha triunfal hacia adelante pero no hacía más que removerme y revolverme sobre mí mismo, resbalando en la suave, y de puro suave, impalpable redondez cerrada que me con-

---

[3] Anfractuosidades: Sinuosidades.

formaba. Y aún no podía tocar esa envolvente como «lo otro», como aquello de que debía desprenderme. Porque la dulzura aletarga y el sueño parece, por definición, interminable.

No se nace hombre; hay que hacerse. Alguien o algo —esa minúscula unidad de energía inventora que fue nuestro espermatozoo genitor— se impuso un día a millares de los que parecían sus semejantes, fecundó, venció a sus incontables competidores, y quiere ahora seguir adelante. Su mandato es nuestro mandato; su decisión, nuestra luz; su valentía, nuestro destino. Y no podemos cejar.

Así fuimos. Así somos. Pero después de esa primera victoria inmemorial que nos hizo a cada uno de los que somos y datamos, índice unitario salvado de la competición promiscua, vivimos blanda y felizmente nuestra Capua [4], adheridos a la Madre como parásitos, madurando sin pensar en la caverna donde todo se nos da por añadidura; y —recogidos— oímos cómo el mar, allá lejos, muy lejos, como en otro mundo, golpea insistente y dolorosamente el vacío o balbucea algo que ya no comprendemos. Hasta que un día, brusca y brutalmente, nos arrojaron fuera: A lo inhóspito y frío de un mundo esquinado, a lo seco y duramente implacable que ya no permite perezas.

Por los siglos de los siglos que no pueden contarse, transcurrimos en lo ambiguo del agua impalpable, y en la puerca pereza del fango tibio e indistinto. Hasta que tocamos tierra, tierra seca y desnuda. tierra dura de luz sin perdones. Y distinguimos nuestra sombra. Y nacimos. O mejor dicho, el impersonal genitor que nos animó, nos obligó a nacer y a seguir adelante por nuestros

---

[4] Nuestra Capua: Alusión al abandono de la guerra por parte de Aníbal y al goce de las delicias que la ciudad de Capua le ofreció. Fusión de las imágenes del mar originario y el vientre materno, que después se desarrolla en la ambivalencia de la palabra Madre.

pasos, pisando firme y decididamente, alejándonos cada vez más de ese mar de los orígenes que ahora apenas si es ya un sueño.

Uno mira todavía hacia atrás, hacia lo dulce, promiscuo y ambiguo del sentimiento informe. Pero aunque todo eso está en su corazón aspirante-impelente, que sí, que no palpitante, y un poco suciamente ávido, el corazón sólo es uno de los órganos que llevamos dentro. Otros órganos deben funcionar ahora. Otros poderes deben regir. Otras posibilidades pre-carnales más eficaces deben surgir con altanería meta-vital frente a la provocación del mundo exterior, llevándonos adelante. Pero ¿cuáles? En el primer momento nos sentimos desnudos, inermes. Advertimos por primera vez que sólo somos lo que somos por nosotros mismos; que alrededor todo nos desconoce; y que no está hecho a nuestra medida; y que para más humillación nuestra, se basta a sí mismo.

Nos sentimos extraños: Aturdidos, cuando no espantados. ¿Qué hacemos aquí? Hemos nacido. Nos han expulsado de un paraíso y una comunidad a la que no es posible volver. En un día, en un minuto, estrangulados, medio muertos, con el rostro amoratado y un pulso en el límite del agotamiento, arrojados desde un inmemorial pasado prehumano a una actualidad rápidamente seca y bruta, topamos con el insulto y la sorpresa de lo neutralmente hostil o sólo externo. ¡Si al menos nos atacaran! Pero no. Simplemente, nos desconocen. Y el aire nos ahoga porque no es todavía nuestro elemento, y en él nos sentimos solos, sueltos, desprendidos, libres, intocables, ¡malditos!

No estábamos preparados para eso. No encajamos en la estricta dureza del exterior. Algo nos duele, nos hiere, nos daña. Y entonces, nos encogemos y lloramos. ¡Ah, tenemos tanto frío! Con los ojos cerrados, con los puños apretados contra la boca, con las rodillas metidas en el mentón, tratamos de apelotonarnos y bastarnos a nosotros mismos. Pero es inútil. Estamos fuera, fuera, condenados a seguir luchando, provocados a la locura de la separación. Y gritamos, aunque todavía no podemos oír nuestros propios gritos; y lloramos como quien trata de desleírse; y nos distendemos y pataleamos en ráfagas espasmódicas. Es la reacción catastrófica. El fulgor de lo instantáneo: El retrato al minuto de cuanto nos amenaza. Pero agotados, cedemos enseguida. Porque acabamos de nacer y es salvador, por no decir reconfortante, volver al sueño.

¡Ah, sí! Quisiéramos seguir, sólo seguir pacífica e interminablemente. Pero seguir así es desaparecer en el océano, renegar de nuestro origen, volver a la Historia Natural. Y alguien o algo que no es el yo, aunque de tal se disfrace, empuja locamente desde atrás o tira desde un delante no representable como si el Destino existiera.

El tiempo no cuenta. Lo que ha de ser será, y está siendo, y ha sido siempre como una melodía que en cada nota junta su fin y su principio. En el germen está el futuro; en el futuro, con su origen, lo permanente. Y si los ojos no ven es porque un exceso de luz los ciega y sólo en la sucesión deletrean la evidencia que de hecho está ya totalmente dada en cada instante.

Hay que seguir. Hay que seguir y seguir, inventando, porque no avanzar sería callar: Sumirse, morir, desaparecer, renunciar. Hay que intentar lo posible y también lo que parece imposible. Pero ¡qué choque! ¡Qué bruta conmoción! ¡Qué bárbara, aunque quizá saludable, remoción! Es el gran trauma del nacimiento que no olvidaremos nunca o que, aun olvidado, seguirá determinando nuestros movimientos más profundos. Es la sacudida mortal que transforma sin vuelta posible nuestra conciencia: El abrupto encuentro con un Nuevo Mundo lleno de peligros: el horror sagrado que nos sobrecoge cuando advertimos lo que tiene de raro en el mundo una criatura consciente; el desamparo que experimentamos ante esas enormes e informes potencias de las que no sabemos nada pero que esplenden, siempre externas, como una evidencia cruel, estúpida y necesaria,

Hemos nacido: Estamos en nuestro convulsivo momento y en nuestro irremediable ahora o nunca, propuestos a la aventura por la aventura, distintos a cuanto fuimos y a cuanto a nuestro alrededor dice ser sin nosotros, dominándonos. Pero sabemos también como en sueños lo que es el hoy, y lo que será, y lo que ha de ser fuera y a la vez dentro del tiempo contado. Y porque percibimos eso con un órgano aún no totalmente realizado, la angustia ante el abismo de lo meramente exterior es como la sima al revés del yo sin fondo: Un vértigo que crece y que, al crecer, nos vuelve idiotas: Una exaltación orgullosa; quizá una abyección; quizá nuestra única gloria.

Tenemos que aventurarnos, seguir. Pero al hacerlo, descubrimos que somos víctimas de un crimen: Estamos pagando una culpa de la que no nos sentimos responsables[5], pero que por lo visto es nuestra, tan nuestra que sin ella no seríamos lo que somos. Así se nos presenta al menos la situación en el primer momento. Sufrimos en vacío, trabajamos sin objeto, avanzamos a golpes automáticos de porque sí, exploramos lo desconocido o lo inevitable sin saber adónde vamos, seguimos adelante para no acabar, sólo para no acabar todavía. Algo que explota nuestro yo, y que no somos nosotros, se siente irrealizado y quiere llegar a un fin que no tiene nada que ver con nuestra felicidad.

Golpes de pecho, latidos, glorias instantáneas, arrepentimientos, furias, abandonos, parpadeos. Así me aturdía la luz: veía sin ver. Y reptando por un angustioso y blandamente elástico laberinto, espasmódicamente empujado por alternantes contracciones sobresaltantes y engañosas dilataciones que se me ofrecían cuando ya no

---

[5] Referencia de nuevo al paraíso perdido y enlace con la idea existencialista de la culpa. Cfr. *Lázaro calla*, págs. 29 y 55.

cabía elegir, salía, escupido, al azul, al espacio libre, al espanto, a la soledad, al ser individual, al frío del planeta deshabitado. Estaba fuera: Fuera de lo envolvente como quien se lava lustralmente, y a la vez, dentro de él, físicamente dentro de lo fatal, porque yo era éste y no otro, y estaba situado en un irremediable y concreto punto de afirmación que me comprometía más de lo que sabía.

Era quien era, sí. Era, sin ser todavía, un proyecto decidido: Un sistema vibrátil: La figura de una constelación vagamente señalada por unos centelleos locamente solitarios que en el reino todavía nocturno de mis abismos debían de acabar por constituir algo coherente: Quizá mi nombre propio, el nombre que aún no sabía darme a mí mismo.

Veía y no veía. Dudaba vertiginosamente: Transparentaba. Y no llegaba a hacer preguntas. Si me asombraba, el fulgor duraba tan poco que no conseguía reflejarlo. Era tan excesivo que, enseguida, cansado, me abandonaba al sopor. Y entonces, el rostro inmenso de la Madre, vaga y dulcemente sombrío, me cubría, y sonreía vagamente, quizá irónico, quizá piadoso; y flotaba por encima de cuanto Uno puede intentar en su aquí y ahora. Pues ¿qué vale la pena? Insinuaba un gesto de conquista y enseguida me abandonaba, me adormecía, volvía al estado perpetuamente suspenso que fue mi estado durante milenios. ¿Para qué otra cosa?

Era dulce y terrible como la muerte, como el origen, como la absolución de un vuelo parado entre cuyas alas abiertas sigue nacarándose el iris de un erótico deseo. ¿Dormir? ¿Desear aún? Era el amor que se avergüenza de decir su nombre, la equívoca ternura, la paz de doble rostro, lo insinuado en la curva fugitiva de un labio, la noche luminosa de unos ojos dolientes, lo adorable y terrible, sensualmente sinuoso o sobresexualmente abierto a un ancho perdón suave y oscuro.

No entendía ese resplandor negro pero él me entendía a mí, y en él descansaba. Y al hacerlo, renunciaba de antemano, como si renunciar antes de haber bebido hasta las heces la gloria y el fracaso de la independencia fuera posible para un hijo de hombre.

Estaba fuera, sí, pero aún no despierto. Me costaba ver, entender, creer, quizá porque en el fondo me resistía a admitir que «lo otro» existía sin mí. Sólo a ráfagas me sacudía, me abría, percibía, lejos del calor mojado de sudor y de llanto en que yo era mi propia presencia, tactada pero aún sin forma, unos rumores difícilmente interpretables. Venían de otro mundo. Parecían llamarme. Pero ¿a dónde? No podía preguntármelo dos veces. Agotado por el esfuerzo que suponía ese toque de atención, me dormía enseguida. Y en cuanto me dormía, el rostro de la Madre volvía a inclinarse sobre mí, era todo mi cielo nocturno, y balbuceaba lo único que yo podía entender —Gabriel, Gabriel, son sin ton—, y brillaba extático en las tinieblas como una tiniebla doblemente profunda.

Uno tiene un mes, como se dice, o tiene cien mil años y un mes, contando un poco más aproximadamente. Está envuelto en una musgosa somnolencia. Pero si le miran, parpadea, sonríe, responde a algo. No sabe a qué. Existe en el otro[6], con el otro y, al responderle, es el que es: Resplandece. Aunque enseguida, cansado, vuelve a hundirse en una perezosa beatitud.

Uno pasa adormecido casi todo el día. Los resplandores que le llegan del exterior apenas si son creíbles. Sorprenden un momento; se olvidan enseguida. Y Uno vuelve así al sueño sin sueños. O a la inacabable nana. Porque Uno oye y más oye —no sabe aún de lo otro que él salvo por su oído— y el «Gabriel-Gabriel» le está acunando en el vacío y es como un run-run más entre el perpetuo murmurar de los flujos y las espesas savias interiores que

---

[6] Se ha pasado de la historia personal —pretérito imperfecto— a la general —presente— como variación estilística de lo impersonal. Véase además el poema «Quién me habita» de *La soledad cerrada,* o bien *Las cosas como son:* «No vivo, me viven (es decir, padezco)».

le invitan a dormir, siempre a dormir, sólo a dormir. Porque, a fin de cuentas y nanas, ¿qué quiere decir Gabriel?

Uno tiene tres meses: Cien mil años y tres meses. Empieza a ver. Pero no cree del todo en lo que ve. Acerca a sus ojos el muñeco de goma que le han puesto entre las manos; lo deja caer; ¿y dónde está? Ha desaparecido. Ya no existe. Porque él —Uno— no puede imaginar que ahora esté existiendo en otro lado. Eso sería ya metafísica.

Sólo hay un objeto permanente, o siempre fácilmente reencontrable por lo menos, que Uno explora y más explora sin acabar de reconocer. Es el cuerpo. Lo que ni por un momento se le ocurre todavía a Uno llamar su cuerpo. Porque ¿acaso ese cuerpo no está fuera de lo que él es, fuera de todo, fuera de ese sueño en que está sumido y que es lo único real según vive? Uno se agarra una mano con la otra, arruga la manta (no, no es eso), se chupa el dedo gordo del pie (ahora, sí), se revuelca tratando de encontrarse por más lados, se busca por la espalda, y funcionando, viniendo a lo que es carnalmente desde muy lejos, va haciéndose poco a poco dueño de sí mismo.

He aquí algo evidente, distinto, despegado del contorno informe, sólo nuestro, todo nuestro: El cuerpo. Uno se agita, ebrio de sí mismo, juega sus posibilidades, las va aprehendiendo y organizando con sus actos, se siente lo que es —no todavía quien es— y empieza así a creer, y a crear, y a ser frente al mundo algo distinto.

Uno agita los brazos, patalea, se siente vivir, va a más. No sólo está; existe, puede. Pero ¿qué puede? Si le acarician, se tranquiliza. No, no quiere nada. Sólo la paz. Y vuelve a dormirse, y a fundirse, y a olvidarse de que tiene que ser él mismo.

Pero el sueño es cada vez más breve y la realidad cada vez más imperiosa; el descanso, ligero, y el dolor, apremiante; la dulzura, remota, y lo actual, sin remedio. Uno está aquí, no allí. Lo que en el magma original parecía una pasajera pesadilla es el ineludible y perpetuo combate con lo real; y el antiguo sopor es en cambio, en su nueva existencia, algo accidental: El sueño de unas horas fantasmagóricas que cada vez olvida más fácilmente, un descanso provisional, un refugio de paso, no ya su mansión original.

Uno tiene cien mil años y ocho meses. Se siente más desamparado que nunca. Duerme mal. Tiembla reteniéndose. Se busca. Ya no descarga su pánico en movimientos convulsivos como en su primera edad. Sabe que sería inútil; que nadaría en seco. La dura roca y el aire frío son ahora sus elementos: La tierra inhóspita, su asiento; la soledad enrarecida de una vertiginosa altura, su clima; el paisaje inexplorado, su porvenir.

Uno mira a su alrededor. No sólo ve; mira; inquiere. Y balbucea para llamar la atención; sonríe si le sonreímos; imita nuestros gestos; tiende las manos para que las cojamos; y hasta nos tira del traje, o de la nariz, o de nuestra disponible ternura. No quiere quedarse solo. Le da miedo su soledad. Y advierte que sólo esos monstruos llamados «personas mayores» que le miran desde arriba son para él una posible, aunque difícil, compañía. Cuando le responden, sabe de sí mismo, cree en el Nuevo Mundo. Pero cuando se duerme, los bárbaros y sagrados gigantes desaparecen en la gran beatitud, y su encuentro con ellos vuelve a parecer un sueño de su edad mitológica, y el sueño sin imágenes registrables, lo único real.

Toda mi vida de hombre ha transcurrido así, como un sobresalto en la Noche que acaba por disolverlo todo en su anchura pacificadora. Aun ahora, que me sé hecho y trabajado hasta el límite posible, advierto que la aventura y el esfuerzo en que me he consumido, sólo han sido un loco y bufonesco intermedio en el gran sueño [7]. El ros-

[7] El nexo marcado por las indicaciones de tiempo en los

tro doliente y luminoso de la Madre; el extático rostro de la amante en cuyos ojos esa Madre renacía entre irónica y erótica, cuando ella murmuraba desmayadamente: «Gabriel-Gabriel»; la paz de la muerte que tantas veces me ha sonreído y que al fin acabará por besarme en los labios perdonándome todo; el amigo varonil y a la vez tierno que en la hora del peligro me decía dándome su penúltimo cigarro: «¿Qué puede pasarnos? Todo lo más morirnos»; las desgracias que nos igualan y hermanan con cualquiera; el cielo, la belleza sin facciones de la tiniebla estrellada, el mundo que canta a la vez dentro y fuera; el adorable niño que me está destruyendo porque yo soy su padre hiriente y en el fondo también su desgarrada madre y su etcétera; la miseria que me mancha pero que acaricio con mis manos desnudas, extasiándome, en el asco de una rendición sin condiciones; el espasmo sexual, sensual con equis y así santamente misterioso, en que quemo los límites del dolor y del gozo; esos momentos breves pero decisivos en que algo femenino me asume viniendo a la vez desde arriba y desde abajo, ¿no son los únicos hitos reales de mi vida?

En la hora del amor, en la hora del misterio, del dolor, de la paz, en las últimas preguntas, del sexo, de la ternura, del gran horror, de la muerte, de la convulsión paralizadora, del Ojo sin mirada y el deseo sin presencia imparcialmente constatable, ¿qué cuentan estas intermitencias de los trabajos y los días con que trata de constituirse el «Personaje-Hombre»? Nada. No son más que colapsos accidentales y pasajeros en la Noche que me prolonga sin yo y sin conciencia privada.

Uno, racional, contraído, decidido a ser quien es, puede alardear de su historia, de su esfuerzo desafiante, de las conquistas logradas con el fuego robado a los dioses; pero acaba siempre por volver a la imagen primor-

---

comienzos de los parágrafos, por ejemplo, cien mil años y un día, se interrumpe aquí en esta recapitulación hecha al final del camino recorrido, en la que se adelantan algunos temas desarrollados después por extenso.

dial del Origen que unas veces llama Madre, piadosa-
mente; otras, Mar o Amor con un equívoco erotismo en
el que hay un poco de burla, y un poco de ternura,
y quizá también un poco de masoquismo.

Nada cuenta. Nada significa. Nada es el cuento de
los días que juzgamos reveladores. Lo sabemos. Y, sin
embargo, tenemos que vivir plenamente nuestro entreacto consciente, si no para otra cosa, para poder morir
después hasta nuestra profundidad más tranquila, sabiendo que hemos cumplido dignamente lo que nos tocó
en suerte.

Sigo y sigo: El sueño cada vez es más breve; el día,
cada vez más largo. Lo que duró milenios difíciles de
explicitar está ahora concentrado en el fulgor instantáneo de unas imágenes míticas u oníricas [8] que parpadean
como señales de alarma en la lejanía; lo nuevo, en cambio, va mostrándose lenta y trabajosamente en la humilde
y sabrosa rugosidad de lo sucesivo. Aquello parece
cada vez más un fuego fatuo, visto y no visto; esto, algo
insoslayable y hasta un poco hiriente. Porque es increíble —difícil de creer por lo menos—, pero al mismo
tiempo tan evidente, tan doblemente evidente por duro
de reconocer, que Uno le pone un nombre mágico: Le
llama Realidad.

Uno está donde está. No en el espacio indefinido de
la música, ni en el flujo sin dirección del océano inva-
sor, sino aquí, entre las cuatro caras regulares de un
cubo euclidiano que acotan un recinto hecho a la medida del hombre, que él reconoce, y comprende, y respeta
cada vez más aunque se dé con la cabeza contra las
paredes geométricas como se da contra los límites de
su conciencia, comprendiendo dolorosamente que nunca
podrá ir más allá, aunque él ciertamente no es eso, no
está limitado sólo por eso.

Primero a gatas, descubriendo lo implacablemente esquinado de una pata de silla en sí, o el olor de esa fra-

---

[8]   Breve trasunto de la caverna platónica.

gante campánula invertida que es una falda femenina, o
lo que sólo se capta cuando se anda a ras del suelo;
después, de pie, andando como se anda a los dos años,
con esa primera y un poco turbadora impresión de que
Uno acabará andando con la misma facilidad tres palmos
más alto, y hasta cinco, como un hombre de veras, o
echando a correr con las aún torpes piernecitas de niño
como quien se escapa de sí mismo o de donde estaba
y ya no está, pero mira hacia atrás por si acaso se ha
dejado olvidado allí algo importante, y aprehendiendo
así lo que quieren decir dónde y cuándo, humana y eucli-
dianamente hablando; sintiéndose centro de todo lo que
alrededor pasa mientras él queda; tocando las cosas que
ahí están como si nada, neutrales en apariencia pero
hostiles en el fondo, porque no quieren saber nada de
Uno, y se limitan a «estar», a hosca y pasivamente
«estar» cerradas sobre sí mismas, incomunicantes por
definición, al margen de la vida y de la muerte al mismo
tiempo, pura y obtusamente iguales a sí mismas por
cerrazón anti-dialéctica, no Uno sino yo, el provocado y
señalado, trata de colonizar ese posible Nuevo Mundo
que, si no domina, le dominará y aniquilará. Y así, con
trabajo, con valor, con sacrificio, pero también con una
sacrosanta y corajuda ira que es mi más prístino y físico
título de nobleza, me abalanzo sobre cuanto existe fuera
de mí, y lo agarro, y lo tiro, y lo transformo. Y en mis
ojos hay entonces una luz extraña y poco recomendable:
el hambre de Poder. Porque puedo. Puedo mucho.

Ahora yo soy yo. Manipulo, cambio, construyo. Digo
sí y digo no. Y al hacer lo otro, me hago a mí mismo.
Y al destruir, limpio y salvo los elementos últimos y
edifico con ellos lo que ya no es naturaleza. Me redescubro y me invento a la vez. Me realizo; resalto; doy en
lo mío, levantándome como una ola contra los obstácu-
los. Porque no es reflexionando interminable y encona-
damente sobre mí mismo como llego a conocerme, sino
actuando, fabricando, operando.

Todo es y no es: Se transforma en lo otro para ser

más, como quien deja de ser, pero funcionando, obrando prácticamente, transforma la primera evidencia y sale del escopetazo de luz de la nada al primer sentido, a nuestro sentido, a la técnica que todavía no se distingue de la magia.

Un lápiz rayando un papel da un dibujo, significa; un tenedor vulgar, si lo empuño, se convierte en un artefacto simbólico-diabólicamente eficaz; una pastilla de jabón puede desaparecer sin dejar más que espuma, y eso es física, sólo física; un destornillador funciona —es un destornillador, no puede decirse más—, ¡y sin embargo!; una palabra no sólo nombra, cambia lo que nombra con su invocadora llamada[9]; un acto es en apariencia un acto sin vuelta pero el barro no es barro cuando sale del torno del alfarero que sí tiene vuelta, sino plato, cuenco, jarro o taza; un dolor en mis intestinos convulsos recuerda y refleja la lucha de los monstruosos reptiles de la Era Secundaria que llevo ahí aprisionados, y que resuelvo científicamente con una píldora cuando me duelen demasiado, como resuelvo una metafísica trascendental con una idea simple, o como salvo en música lo que aún se me escapa, pero será más concretamente dicho y hecho muy pronto en el reino histórico de las significaciones.

Este es mi dominio: El del Homo Faber[10]. Aquí pongo, quito, traigo, cambio, empujo, mando, transformo. Todo es a un tiempo fabuloso y real. Recuerdo y conquisto. Venzo interpretando. La escoba sirve para sacar mi pelota de niño de debajo de la cama, y entonces ya no es una escoba; un zapato no es sólo un zapato, es en realidad un barco si lo pongo en la bañera y flota; los cinco dedos de mi mano, cuando los cuento, no son dedos sino números, o ideas de números, o algo quizá aún más inasible pero que me sirve para andar por el mundo.

---

[9] Invocadora llamada: Enunciación poética de lo que en lingüística se conoce como un «acto de habla».

[10] Homo Faber: El hombre como artesano, como manipulador y transformador de la materia.

Parece sencillo, casi tonto, pero ni Platón, ni Descartes, ni Kant sabían en el fondo mucho más.

A mil imágenes del océano original, formado por una larga serie de esfuerzos colectivos que no recuerdo pero que afloran en mí hechos instintos, yo soy ahora sólo yo, plenamente yo: Mando, dicto, organizo mi mundo, constituyo mi imperio, surjo con apariencia de autosuficiente. De cada tumulto impresionista, hago un objeto, y le digo: «ahí, tu eres eso, ahí». Y luego le vuelvo tranquilamente la espalda sabiendo que ahí quedará, en su sitio, sin ir a más, señalado de una vez para siempre.

Vivo en mi dominio, dicto la ley, y eso me convierte en un pequeño tirano. Ordeno, proyecto, manipulo, no veo límites a mis posibilidades. Todo me está permitido. Todo lo puedo. Pero, ¿qué hago en realidad? ¿Qué significa a la luz de la muerte cuanto hago? Con todo este aparato difícilmente conquistado del ver, pensar, oler, sentir, tocar y combinar, sólo fabrico apariencias, glorias provisionales, locuras dispensables, frágiles sistemas de sentido. Y eso, ¿qué es? Nada de nada si lo apuro. No obstante, el poder, la técnica implícita en mi aparato fisiológico, y este orgullo consecuente que siento de ser hombre, algo fabuloso están contando. Y ese cuento no es el del trabajo de Sísifo [11]. Porque al constituir lo otro, aunque eso otro sea inútilmente lo de siempre, me constituyo a mí mismo como no era antes. Haga lo que haga, fundamentalmente me estoy haciendo a mí mismo, que no podría hacerme el que soy sino precisamente saliendo de mí, actuando. Y así, cuando parece que trabajo en el vacío porque mi obra es inevitablemente efímera, algo que durará en otros hombres establece en mí una vibrátil permanencia, me vertebra, me permite ir de un lado a otro cada vez más señorialmente, me hace el que soy —hombre de ley en la crueldad de

---

[11] Consistía en hacer rodar una peña hasta lo alto de la montaña que luego volvía a caer. De ahí, trabajo inútil, sin finalidad.

la luz—, y el que seré en otros como otros son en mí.

Ahora Uno tiene cien mil y diecisiete años. Es un adolescente con su objetivo personal ferozmente abierto a la posible fotografía de la historia total.

Parece una fantasmagoría y es una conquista real. Por voluntad de auto-realización, por puro y bruto asalto erótico-mental a lo contrario, porque todo puede quemarse y transformarse interminablemente, el adolescente convierte lo dado, que se presentaba como una fatalidad, en algo que puede violarse pese a su aparente opacidad; y manipularse; y explotarse hasta la revolución como una flor se abre si la luz le hiere. Porque no tiene naturaleza sino, con el hombre y «según el hombre», sentido o perfume. Y basta referirlo a ese transeúnte sentido para que sin dejar de ser lo que positivamente es, se convierta en otra cosa.

He aquí el gran descubrimiento del adolescente. Y he aquí su nuevo poder: La libertad. Ciertamente, si sólo fuéramos criaturas naturales, estaríamos condicionados por nuestra psicofisiología, nuestras circunstancias y nuestro pasado de un modo casi fatal. Pero podemos cambiar todo eso interpretándolo, y no para falsearlo, sino para realizar en ello y con ello nuestro sentido [12]: Un sentido al que, femeninamente, todo parece prestarse.

¿Qué más fatal en apariencia que nuestro pasado? Y sin embargo, podemos modificarlo. Ya el recordar no es meramente reproducir el pasado sino crear en coyunda con él una imagen más decisiva y más realmente operante para nuestra conformación actual que cuanto pueda derivar mecánicamente de los hechos brutos tal como mostrencamente se produjeron. Tenemos siempre mala memoria, olvidamos unas cosas y deformamos otras,

---

[12] En este contexto se inscriben las *Tentativas,* primer libro escrito por Celaya. Es idea frecuente en todas sus obras, por ejemplo, «Sé / que debo, por hombre, darle al mundo un sentido / y hacerle ser / él mismo». (*Lo demás es silencio,* pág. 27.)

y esto quiere decir que la memoria es una función «poié-tica», creadora y no pasivamente reproductora, que nos permite escapar al encadenamiento ciego de causas y efectos. Reimaginamos nuestro pasado con vistas a un porvenir, y de este modo hacemos posible y plausible un futuro que no será una mera consecuencia en muerto de lo dado, ni una creación en el vacío. Y así la vida amorfa se transforma en Historia orientada. Y dejamos de ser obtusamente naturales. Y crecemos representán-donos: Crecemos en la medida en que creemos en nos-otros mismos y nos auto-inventamos [13].

Uno está más allá de la verdad y de la mentira: En el plano de las significaciones. Y si falsea su pasado, no engaña. Dice algo que está por encima de las limitadas anécdotas. Salva su sentido y hace así historia; crea algo con lo que tan fácil sería dar por nada; pone su perso-naje o su «personángel» [14] por encima del individuo acci-dental; se inventa y hace a sí mismo sobre esa materia, diciéndose, interpretándose, anunciando con su fábula lo que quiere ser, y en cierto modo llegando a serlo en cuanto su proyecto le fuerza a confirmarse por todo lo alto.

En este trance de la invención de sí mismo, todo le asiste al adolescente: Sus confusiones mentales, su in-consciente colectivo, su mala memoria, sus delirios de grandeza, sus excesivas lecturas, su manía persecutoria, su disponibilidad —esa receptividad casi femenina en virtud de la cual siente como propio cualquier tiempo pasado, cualquier experiencia ajena, cualquier obra que le impresiona—; y sobre todo, contra la envilecedora con-fesión de los pecados, le salva ese sentimiento de su

---

[13] Nos autoinventamos: Las mismas ideas que se manejan en el prólogo de este libro. Sobre la falsa memoria, vid. también *Itinerario poético,* pág. 19.
[14] Personángel: Creación de Celaya que aparece por primera vez en *Tentativas* (pág. 259). Aparece allí también el tema de la autoinvención recurrente en toda su obra. Cfr. por ejemplo en *Lo demás es silencio* (P. C., pág. 447) y en *Las cartas boca arriba,* pág. 98.

dignidad y de su valor que le lleva como a los antiguos romanos a representar la comedia de su nobleza. Porque el orgullo puede ser una *virtus*. Es quizá la única fuerza o virtud humana.

Resulta excitante y a la vez desconcertante. Parece que Uno inventa —e inventa tanto como si fuera un genio— y en realidad no hace más que repetir. Cada momento del pasado —los momentos que en su día se dieron quizá por más insignificantes— resurge de pronto con toda su inmediatez y su concreción, repleto de intenciones. Una atmósfera, un escenario o el detalle, banal en apariencia pero indispensable, de una jarra de cerveza que tenía que ser así, ésa y no otra, se le imponen a Uno cargados de todo lo que fue y se puede pensar como centro de una circunstancia así señalada, pero no es sólo un pensamiento pretenciosamente resumidor y conceptual, sino la vida real y a la vez particular que así dura. Y entonces, esa jarra, o el gesto con que Uno cogía su asa mientras hablaba —¿de qué?, ¿con quién?, ¿cuándo?— dice sustancialmente algo opaco: La plenitud de un momento que así se vive y no sólo se sabe.

Es como si en los pequeños acontecimientos de la vida del adolescente estuviera escrito en filigrana todo su pasado histórico. Como si viviera en otras épocas a la vez que en la suya. Como si fuera todo el hombre —el Hombre— y no sólo un hombre. Como si en ciertos momentos relampagueantes renaciera en Empédocles, en Lope de Aguirre, o en Leonardo, o en Edison, o en Ieuschúa-bar-Joseff [15]. Así, Alejandro se creía un dios; y Napoleón, Alejandro; y el tonto de mi pueblo, Napoleón.

El adolescente vive del cuento. Pero contándose, ¿no crea su significación? Y al descubrir su significación, ¿no se hace distinto del que naturalmente era?

Hay en el fondo de nuestra vida germinanante un diabólico misterio: Misterio y no problema: El de nuestra

---

[15] Ieuschúa —bar— Joseff: Jesús hijo de José.

constitutiva doblez. El hombre, por definición, no coincide consigo mismo. ¿Dice la verdad cuando asegura que no es el que parece? ¿Miente cuando se inventa y, mirado desde fuera, parece que simula? ¿No se hace realmente otro al simularse? ¿Por qué se contradice siempre? Si esto fuera un pecado o una debilidad cabría la comprensión, hasta el perdón. Lo turbador consiste en que somos constitutivamente falsos y espejeantes [16]. Y no por accidente sino por necesidad. Nuestra conciencia es reflexión o reflejo: Doblez. Nuestro amor, ilusionismo. Nuestra alegría, confusión. Nuestra luz, ironía. Nuestra presencia, un parpadeo entre dos abismos. Nuestra inteligencia, prestidigitación.

A veces, para acabar, el adolescente siente la necesidad de confesarse. Pero en la confesión hay siempre algo sucio, y sobre todo, algo irremediablemente falso. Cuanto más sinceros nos pretendemos, más engañamos. El yo es una caja de doble fondo que se presta a todas las trampas. Cuando nos creemos profundos —psicológicamente profundos—, no hacemos más que jugar al escondite con nuestro reflejo. La introspección implica un desdoblamiento de nuestra personalidad. Y ¿quién somos? ¿El que mira o el mirado? ¿Dónde estamos? ¿Aquí o allá? ¿Estamos cuerdos o locos cuando así nos forzamos a un desvelamiento radical? ¿Somos hipócritas o veraces? Al final ni nosotros mismos lo sabemos. No podemos contar nuestras miserias sin caer en el cinismo. Pero si nos mostramos cínicos, nos hacemos peores de los que somos: Nos idealizamos.

No, nada de confesiones. A los cien mil y dieciocho años, el adolescente comprende que la historia de cada minúsculo hombre psicológico es la historia del Hombre con mayúscula. Y esta experiencia de cómo la historia se hace en nosotros y cómo cada uno de nosotros vamos

---

[16] Idea frecuente en Celaya. La conciencia individual es constitutivamente falsa. Puede verse en todo el desarrollo de *Lo demás es silencio* o en el comienzo de *Paz y concierto*.

haciendo la Historia, es la única peripecia que entonces cuenta para él. En virtud de lo que podríamos llamar segunda ley filogenética —la ontogenia del hombre es la historia de la humanidad—, el adolescente revive de un modo concreto las grandes etapas de la Cultura que le hizo el que es.

¡Herencias, recuerdos, costumbres, reflejos automáticos cuyo sentido ancestral se redescubre de pronto! El adolescente vive la fábula y las tentativas del Hombre que, según su curso, se convirtió en «occidental». Y va así rehaciendo por cuenta propia la aventura de quienes le hicieron. Porque no está nunca solo, ni vive enteramente por sí mismo, aunque en esa embriaguez de las renovaciones que le parecen sin término, llegue a creerlo. Sus menores movimientos, sus pensamientos más preciosa y secretamente personales, sus golpes de corazón hondamente sonoros y hasta los hechos brutos e imprevisibles de su particular acaecer, despiertan ecos en una lejanía y se limitan a poner al día una mitología. Un amor, una idea, un encuentro —cualquier amor, idea o encuentro— apelan a algo secular y tremendo, y adquieren sobre ese fondo un sentido simbólico.

Como en el útero pasó por el batracio o el amphioxus [17], el hombre pasa en su adolescencia por la Historia no natural de los trabajos y los días de quienes le precedieron. Y vive ese desarrollo a una con el de su formación personal y su cumplimiento. Hacer suya la riqueza de todas las variaciones; compenetrarse con todas las formas de la humanidad; revivir las mil posibilidades y aventuras; llegar a ser plenamente el que es, como

_____

[17] Nueva referencia al pasado animal. Este parágrafo rehace las mismas ideas del poema «A Leolpoldo de Luis» de _Las cartas boca arriba,_ págs. 98-99. El tono admonitorio se vuelve aquí discursivo. Por lo demás, en estos parágrafos se repite la idea de que «Ser hombre es tener historia; / no tener naturaleza» (_P. C._, página 454) y empiezan a borrarse las fronteras entre el yo y el nosotros.

sólo podrá serlo integrando y haciendo suyo el pasado; ponerse en armonía con el conjunto, y sentirse así en la corriente de la Historia, que vaya adonde vaya no puede ser sino su consumación, es salir del orden biológico de la vida y la muerte. Porque entonces ya no hay envejecimiento sino, contra-naturaleza, madurez, cumplimiento y progreso. Vamos a más, siempre a más, con la Historia, aunque biológicamente no lo parezca. Realizamos y apuntamos; seguimos —sigue lo importante, lo que nos lleva cogidos desde dentro— aun cuando nos extinguimos. Porque ya no vivimos para nuestra personal e imposible sobrevivencia, sino que nos damos a una tarea objetiva que coincide con la de nuestra propia formación transpersonal.

Sólo el yo muere. «Pero yo no soy —reza el adolescente—. Por eso quiero agotar las posibilidades que hay en mí. Porque acabar es madurar en los otros, para los otros y con los otros; realizarme; no terminar. Iré hasta donde pueda, y así, después de haber agotado mis multiformes latencias, descansaré de verdad y podré sentirme en paz. Sé que después de eso, aún me quedará un ilimitado camino por delante, pero otros, en los que estaré, lo recorrerán por mí, llevándome con ellos, aunque quizá sin saber que me llevan, como yo no sé quiénes trabajan ahora dentro de mí.»

Todo lo que fue, duele, y porque duele quiere seguir hacia adelante buscando una salvación o, sin confesárselo, pero muy razonablemente, un engaño plausible. Ante la desesperación absoluta de la muerte, hasta los pretextos son buenos. Porque el hombre es hombre; la evidencia, opaca y la nada, nada. Cierto. Y más: La verdad es ambigua; el aparente final, un nuevo comienzo; cuanto imaginamos, por lo mismo que hemos podido imaginarlo, posible; y así nosotros, algo que fabulosamente se prolonga.

Quizá quepa un estado de conciencia que sea respecto al de las hormigas, los sifenóforos o los parásitos, lo que nuestra conciencia personal es en relación con las fieras ferozmente solitarias. Quizá el hombre esté llamado a convertirse en una criatura tan distinta de la que hoy es como distintos somos actualmente del animal que fuimos en nuestra ante-historia. Quizá la angustia de la muerte no sea más que el síntoma de un desajuste entre el individuo y su especie o un frustrado intento de rebelión del yo contra el nosotros. Porque sólo éste —el nosotros— es, no inmortal pero sí amortal. Y sólo accediendo a esa comunidad por nuevas vías podremos curarnos de nuestro morbo y de nuestra angustia.

Todo cambia si cambia la conciencia. A sus cien mil y veintidós años, el adolescente cree advertir que mil pequeñas experiencias anuncian y anticipan la revolución total. Sus metamorfosis juveniles, esas anamnesis que le permiten ser lo uno en lo otro al margen del tiempo, y esas identificaciones, inversiones y transformaciones que, en un juego mágico de espejos, le dan conciencia de ser algo que no es sólo la conciencia del yo, ¿no anuncian una dilatación del ser? ¿No está tocando ese punto en el que ya no parecen contradictorios lo subjetivo y lo objetivo, lo real y lo necesario, el deseo y la ley, el sueño y la vigilia, el yo y el nosotros?

El yo puede cambiar de condición. Y ya ahora está experimentando momentos de iluminación que anuncian la posible abolición de sus supuestos límites, de todos los límites, aun de los fisiológicos, y, por reingreso en el origen creador de la existencia, está previviendo su transformación mágica, y a la vez positiva, en una criatura de una nueva especie que, al ser otra, verá otro mundo: El que ahí estaba ya pero aún no podía percibirse, salvo entre sombras, por falta de órganos adecuados para captarlo.

Es la experiencia alucinante pero positiva del instante eterno en Kirilov [18], la del eterno retorno en Nietzsche,

---

[18] Kirilov: Enumeración de experiencias posibles que se ofrecen al adolescente con ansias de infinito. Kirilov, personaje de la novela de Dostoievski *Los endemoniados,* define así el instante

la del tiempo reencontrado en Proust, la del cambio crítico en Tolstoy [19], la del azar objetivo en Breton [20]. Cuanto nos dicen los místicos y, en cierto modo, entendemos; cuanto poética y un poco locamente vivimos; cuanto las drogas hacen posible y quizá pronto cabrá provocar sin autodestruirnos. Es, más modestamente, cierta impresión de extrañeza: Como cuando las cosas familiares nos parecen de pronto increíbles, o cuando todo se vuelve equívoco e incierto, o bien tan tremendamente significativo que es como si hasta entonces hubiéramos estado ciegos.

El País de las Maravillas está ahí al lado. Para instalarnos en él de una vez para siempre basta convertir en naturaleza, en nuestra nueva naturaleza, estados que hoy nos parecen fugitivos y desorbitados pero que están ya a nuestro alcance. Hay que vivir normalmente lo que todavía brilla y fulmina como sobresaltantemente extraordinario; hacer estable lo que sólo dura un instante relampagueante; volver inofensivo lo que ahora nos transtorna.

Esta alucinante pero positivísima mutación del hombre responde al hambre juvenil de absoluto. Es el fin de toda la Historia pensable. No el suma y sigue de una experiencia cuyo final no se ve pese a la noción personal del «cumplimiento» sino el acabóse de la revolución total: La transformación, todavía impensable pero por eso

---

eterno: «Hay instantes, que duran cinco o seis segundos, en que, de pronto, se siente la presencia de la armonía eterna.» (Ed. esp., Barcelona, Bruguera, pág. 787.)

[19] Son conocidos en la historia del pensamiento y de la literatura los temas del eterno retorno nietzscheano y fundamental en su doctrina (ver Kaufmann, *Nietzsche,* New Jersey, P. U. P., 1974, págs. 316-333). Igualmente, el tiempo recuperado traspasa la obra entera de M. Proust; y la pasividad interna como medio de superar el mal fue el centro de la experiencia mística de Tolstoi después de su crisis religiosa.

[20] En *L'amour fou* Breton define este concepto como «forma de manifestación de la necesidad exterior que se abre camino en el inconsciente humano» (vid. G. Durozoi y B. Lecherbonnier, *André Breton. L'ecriture surrealiste,* París, Larousse, 1974, páginas 28 y 55).

mismo doblemente exaltante, de las relaciones entre el hombre y la naturaleza, y de los hombres entre sí: El anuncio de que realmente estamos a punto de convertirnos en criaturas de una nueva especie animal.

¿Para qué estudiar o trabajar? Saber que Uno está en el punto Cero dispensa de todos los esfuerzos y colma el ansia de que Uno por sí, y ya ahora, puede lograr algo tan radical que dejará en nada todo el pasado. Romper los límites de nuestra condición, transformarnos en cuerpo y alma como el pez en ave o el reptil en antropoide, ¿no es embriagador para un muchacho dado, según su edad, a radicalismos catastrófica y revolucionariamente transformadores más que a neutras componendas escolásticas o a monótono-etceterísimos [21] trabajos y días?

La aventura tienta. Pero ¿a dónde voy así? ¿A dónde fui? El comienzo —embriagueces de la vida interior, dolores sublimes, alegrías pánicas, terrores sagrados, exaltaciones del minuto mágico en que el mundo parece transfigurado— suena a música celestial. Entonces, todo estalla: En cero, en gloria. Y es tan maravilloso que no cabe pensarlo: Es justamente lo que escapa al pensamiento pensable. Pero...

Me entrego, me pierdo, crezco, desaparezco. El sacrificio, si sacrificio hay en esto, me embriaga. En realidad —¿por qué no decirlo?— he llegado a un punto en que todo, moral o inmoral, me da igual. La absoluta libertad del caos ha sustituido a las leyes de una naturaleza que parecía inflexiblemente ordenada e impuesta, y esto me abre. Nada es pensable. Todo está permitido. He salido de mí. Yo no soy yo. El principio de identidad ya no funciona. Me sumerjo en el mundo sin lógica ni principios de las inacabables metamorfosis. Todo es posible, germinante, inasible. Nada juzgable, como en el mar de los orígenes. Y empieza la fiesta del super-

---

[21] Etceterísimos: muy largos y monótonos. Creación léxica.

hombre: La vuelta al caos interminablemente inventor y a la orgía del gran carnaval en que todos nos disfrazamos y confundimos. Lo alto está en lo bajo; lo bajo, en lo alto.

¿Qué es la fiesta, cualquier fiesta originariamente vivida? Un salto fuera del tiempo y de la monotonía cotidiana, un romper con las reglas del trabajo ordenado, una proclamación anárquicamente sagrada de que los módulos de nuestra existencia carecen de sentido último, un retorno a la destructora alegría del caos y, contra todas las normas, a la promiscuidad sexual, al trastorno de las categorías sociales reconocidas y a la burla, la embriaguez y la desconsideración de los tabúes impuestos a los violentos e insoslayables instintos primarios.

Mi juventud, por un momento, proclama la Fiesta [22]. La siente como una suprema iluminación. Los disfraces transfiguran realmente. El vino recobra su prístino y sagrado valor orgiástico. La blasfemia suena a oración; la confusión a amor, y el delirio —cualquier delirio— se carga de un sentido misterioso y transfigurador. Por unas horas, el esclavo es rey. Pero, ¿a dónde voy así? No pregunto quién soy. No pretendo saber tanto. Pero, ¿en qué estoy?

Me siento ligero, transparente, lúcido como el aire y el agua que pensaban en la antigua Jonia [23]. Mi cuerpo se ha vuelto glorioso, impasible, sutil, ágil. Disfruto de la pureza insensible de los cuatro elementos. Vivo como un animal inteligente, activo, impertinente, sin conciencia moral ni reflejos consuetudinarios, rápido, eficaz. ¿No estoy al borde de la gran transformación? A veces, en mi exaltación juvenil, me parece que sí.

---

[22] En esta fase en que el adolescente hace sus primeras tentativas de realización personal es evidente, como lo fue en la peripecia personal y literaria del Celaya joven, la gran influencia de Nietzsche y, sobre todo, de su obra *La voluntad de dominio*.

[23] Como es lógico, por la anterior cosmogonía presentada en esta obra, la alusión a los filósofos jonios es inevitable.

111

Protesto de todo, me río, violo, insulto, sigo riéndome, burlo, provoco, ataco sin perdones, trato de pensar, y esto sí que da risa, porque es como un inevitable resabio. Estoy de acuerdo con todos, con nadie. Estoy en desacuerdo con cualquiera, conmigo. Entre convulsiones que lo mismo pueden ser de cólera sin medida que de inacabable ternura, Don Nadie se yergue en mí selvático, bravío, feroz. Y es en mí. Y entonces ya no sé si estoy alzándome a un nuevo nivel de vida o entregándome a la peor de las aberraciones.

Es la fiesta, sí. Es el delirio en que, rotas las fronteras, todo parece posible. Pero la gran iluminación quizá sea una ilusión. En la orgía, el yo no desaparece. Pierde la conciencia de su límite pero no lo rompe de hecho. Existe el sentimiento de una transfiguración; existe una impresión de omnipotencia; pero ese sentimiento y esa impresión ¿no nos encierran en nosotros mismos en lugar de abrirnos a mundos más vastos? ¿No se parecen, a fin de cuentas, a la experiencia de los locos, los drogados o los alcohólicos, en que no logran imprimir su huella sobre la realidad áspera y rugosa?

Lo trágico de esta aventura consiste en que buscando lo más que humano se llega a lo sub-humano. Me he vuelto transparente, es cierto. Soy más limpio que la brisa, más proteico que una célula, más indiferente que un héroe a mis desgracias personales. Pero las metamorfosis centelleantes a que me lleva esa superficial negación de mi yo, multiplican en realidad mi soberbia vital. Soy más que nunca una criatura viciosamente vuelta hacia su interioridad. Soy una víctima de la hybris [24]. Soy un provocador de misterios, y a veces simulo éstos para engañarme a mí mismo. Soy un mixtificador y un profesional de la doblez. Soy un hombre con un hambre infantil de prodigios. Soy, pese a todas mis engañadoras entregas, un animal felino, selvático, atemorizado, temi-

---

[24] *Hybris:* Griego, soberbia, provocación a una divinidad. Celaya refleja claramente la época de redacción de *Tentativas* y su actitud literaria y vital hasta 1946.

ble por eso, huido, apasionado más allá o más acá de cualquier ley o conciencia moral, fuera de curso, terriblemente hambriento de lo que nadie puede darle. Y entonces pienso si los criminales no estarán en lo justo. O si en realidad, para no llegar a esa lógica conclusión, yo no debería suicidarme.

A mis cien mil y veinticuatro años, ¿qué pensar? Volver atrás sería imposible; seguir adelante, abrir y hundir más abismo. ¿Es que no hay salida? ¡Bah! Uno está en lo de siempre. Pese a todo, respirar, alegra; mirar es siempre un descubrimiento; andar nos hace; pensar lleva a más, y reír, despeja. ¿Eh? ¡Voy, sigo adelante!

La cosa está clara. Mi pretendido salto hacia una nueva condición ha sido un intento de resolver en un mundo ideológico, impresionista o imaginístico, algo que es aquí, en el más acá, de cara a lo brutamente real, donde puede y debe solucionarse, mascando el polvo y a la vez gozando el aire, remordiendo los mil fracasos y a la vez, como provocado hasta el máximo por la catástrofe, levantando el ánimo al margen de cualquier esperanza delirante, desde ese centro en el que lo más agudo del dolor ha hecho diana, y por eso tiene premio: Un premio como un globo de colores o un paquete de caramelos que le parecían ridículos al adolescente que, según su edad, intentó lo infinito, pero que a mí ahora, como a un niño, vuelven a parecerme algo precioso.

¡Mediodía! La luz cae vertical. Ni proyecta sombras hacia atrás, como un recuerdo, ni hacia adelante, como ese gigantón de uno mismo, cuyos aspavientos fantasmagóricos proyecta en lo liso y llano un sol declinante con su raseada luz horizontal. El hombre, ahora, está en su punto: Sabe, y vuelve por eso de lo que es evasión, destrucción, hybris, locura, metapoesía, vértigo parado, cero, grito inaudible, ferocidad luminosa, mirada que no se ve, corazón saqueado, rabia en los dientes, chispa en las uñas, color por sorpresa, dolor de niño, tripa de burro, paciencia de Sancho, protesta a saltos de agua, duración que no dura, intrahistoria, castellano en habla, madre que es madre, Cristo con pelos naturales y ojos de vidrio, nubes, cosas dichas, cosas apenas vistas, surcos en el primer barro, gestos, bromas, proverbios, esguinces, dolores como una lágrima en un ojo bello, risas como una mueca, hombres terriblemente de pie, hombres terriblemente curvados, macabros mascarones de juerga, y abismo, siempre abismo, con un buitre parado allí arriba y el barranco de sol duro y luz seca debajo, y nada, nada más salvo un silencio en el que esa nada se vuelve todo [25].

En esto, en cualquiera de estos signos que son lo absoluto y no son nada, está, increíblemente real y apostado a muerte, lo que quise hacer mío. Ayer tenía cien mil y veinticuatro años. Ahora tengo cien mil veinticuatro años y un día. Y este día de más basta para que, limpio del hastío que los jóvenes normalmente delirantes sienten ante las tareas sordas y oscuras, me alce a un nuevo fervor: A la construcción, sin saltar etapas, de un mundo habitable y luminosamente humano; a la realización trabajosa, que casi parece ridícula si Uno piensa en la revolución total que creyó inmediatamente posible un día; a este contar ladrillos, golpes de corazón soportados y hombres anónimos muertos con los que, pese a las devoradoras radiaciones de luz negra, algo estamos edificando [26].

---

[25] La descripción de la orgía de la juventud libre y festiva se manifiesta mediante esta enumeración caótica, procedimiento frecuente en la poesía de este siglo de raíz surrealista pero que a veces, como el caso de Salinas, está ordenada por una línea conceptual subyacente.

[26] Esta segunda parte acaba prenunciando lo que en *Memorias inmemoriales* es la cuarta parte. En *Penúltimas tentativas* había un parágrafo más suprimido aquí y reelaborado —el cambio es importante— en el apartado «Despedida».

III

La vida par

He aquí al Impar [1], erguido, solo, listo para todos los trabajos, las empresas y las conquistas. A su alrededor, agrupados, oscuros, indistintos, los hombres y los demonios forman un cuerpo, un solo cuerpo: El Coro de las Fuerzas Primeras: El Coro originario [2].

Todo palpita en la sombra, potente, lento, monótono. Y es sólo una respiración opaca, la vida naciendo; sólo un rumor acompasado, una incitación para los valientes, un caos para los tibios que nunca han sentido la sed del gran torbellino y la doble embriaguez de la vida y la muerte.

Un rumor apagado de raíces sacudidas, un temblor casi imperceptible en la hierba, un hormigueo de vida en las ciénagas, algún aullido aislado rompiendo la angus-

---

[1] Impar: Como ya se ha dicho, esta tercera parte no aparece en *Penúltimas tentativas*. En parte es original y en parte nace de la reelaboración de algunos pasajes de *Lázaro, calla* (1949). En este libro aparece por primera vez el tema del Impar/Par, hombre/mujer (división que hace referencia a la distribución de cromosomas). Como se verá, esta oposición tiene un sentido mucho más profundo que abarca a la dicotomía masculino/femenino, activo/pasivo en la teoría de los contrarios y afecta, por tanto, no sólo a la consideración del amor, sino a la vida total. El tema aparece a lo largo de la poesía de Celaya. Cfr., por ejemplo, *De claro en claro*, pág. 22, «Es el gozo/materialmente puro y el Par con su prodigio».

[2] Como en otras obras del autor, hay un comienzo de tragedia en que al protagonista acompaña un coro. De este coro de sombras se destaca aquí el Impar. También aparece el coro en *Lo demás es silencio* y en las cantatas *El derecho y el revés* y *Cantata en Aleixandre*.

tia de las respiraciones sofocadas, algo denso y sigiloso puebla la noche primitiva. Y cuando una ráfaga de viento libre levanta la oscura palpitación de los bosques vírgenes, también la sangre de los hombres tiembla y siente la llamada. Y aterrorizados, ebrios, en un éxtasis más alto que todas las dichas, corren en tromba gritando quizá para no oír algo temible que pasa sobre ellos, confundiéndose unos en otros, anegándose en el torbellino liberador.

Pero una figura se ha destacado de ese tropel de sombras, un hombre se dibuja y lucha contra el caos materno. ¡Qué doloroso desgarramiento! El Impar se separa del cuerpo anónimo del Coro; se arranca de aquella comunión y aquella embriaguez tenebrosa que le salvaba de todas las angustias con que ahora va a enfrentarse. Tal es su voluntad de Héroe alzado frente al Coro, y tal la Tragedia, ya en los linderos que separan el mundo de la sangre y el mundo de la Historia.

El Hombre se ha desprendido del Caos pero el Par, suelto, parpadea a su alrededor y la tierra se puebla de seres familiares. El Impar les oye reír, murmurar, correr, ya en la sombra, ya en la música de la brisa y el agua, ya en el temblor de las hojas grandes, las noches transparentes. Son las Ninfas [3] escapando por el bosque tímidas e incitantes, riendo en el río, adormeciéndose y soñando en el fondo de las grutas azules, o acercándose a él por la espalda y tapándole los ojos con las manos. —«Adivina, ¿quién soy?».

Son las Ninfas que le llaman y se ocultan; no la dura tarea de la edificación interior y exterior sino la frívola poesía, la inconstante, la mentirosa, la burlona, la loca poesía que, ligera y alegre como la vida, nos

---

[3] Ninfas: Alusión al mito de Narciso, una de las metamorfosis del Impar. Aparecen aquí como borroso objeto del deseo, como finalidad inconcreta de la fuerza activa del Impar. Ya el mito de Narciso aparece en *Tentativas*. Así se titula un capítulo del que estas páginas son un trasunto. Otras referencias en el poema «El espejo» de *La Soledad cerrada* y «Ninfa» de *Movimientos elementales*.

invita a jugar al escondite. Y sería inútil que tratáramos de apresar lo que sólo es temblor en la transparencia, brisa, estremecimiento, reflejo, sombra. Las muchachas en flor corretean entre risas, o bien, ocultándose una en otra, porque realmente todas son una: la mujer única. Y así los proyectos heroicos del Impar se desperdigan en un revoloteo de deseos.

¡Deseo! Es el deseo inagotable: La tentación femenina. Una espiral giratoria que hace el vacío. Porque este deseo no persigue una meta fija. En realidad no apunta al Par único ni a nada que no sea algo remoto, allá, siempre más allá de toda satisfacción posible. Es el deseo sin término viable: La perpetua ilusión: El deseo de lo que no es ni puede ser objeto. Porque el Par, que está aquí, y a la vez no está, no tiene cuerpo, no es su cuerpo, sino una nebulosa indefinida y un puro encantamiento. Y porque miente, sus ojos brillan; porque me esquiva, su piel es suave; porque no está sugiriendo nada aunque parezca tan insinuante, remueve en uno los sentimientos contradictorios de la pasión. Y así desaparece, equívoca, indecisa, irisando sonrisas, resbalando trasluces.

Tú que miras al Impar, irónica o sexual, atrevida, inocente, temblorosa, inasible, soñadora, engañosa, fascinante, traviesa. Tú que puedes serlo todo y no eres nada, siempre escapada, ida, siempre ida, forma del humo, ¡tan niña, tan misteriosa, inocente y maligna, dulce, perversa, tentadora, sensual, cruel, misteriosa, soñadora, ingenua, todo a la vez! ¡Y pensar que ni tú sabes qué encarnas o quién eres! ¡Que no tienes intención ninguna! Tú, sólo adjetivable, pues careces de nombre propio y fijo. Tú, más y más atractiva cuanto más inapresable. Tú, mi placer imposible: Mi vértigo.

Lo infinito y la nada son dos nombres distintos para una misma presencia de la ausencia. El deseo infinito es el deseo de nada, de la propia nada en que nos deja el espasmo sexual, de la nada en que queda el objeto deseable cuando advertimos que sólo era una proyección provisional de nuestro deseo sin objeto, y, en último término, de un afán de transcendernos y de romper nuestros límites. Por eso el amor que no va más allá del amor se resuelve en voluntad de morir.

El Par se llama ahora Ida[4].

¡Ah sus mendacidades, su coquetería, su sonrisa ausente, sus ojos nocturnos, su promesa vaga, su falso misterio! ¡Ah, esa inconsciencia con que, por sin fondo, parece infinita o esas sinuosidades con que, acariciante, resbala la nada, y que al Impar le despiertan macho, proyectan punzante contra esa dulce materia femenina, receptiva y sin forma! Su estricta voluntad, su punta seca procuran domar en el Par oceánicas pasiones y rumores antiguos. Y ese cauterio que aplica a la llamada amorosa que, sin forma, palpita, corta el flujo ciego de sangre y de sombra. Y así, contra equívocos, sonrisas, velos y vagos ensueños, el Impar penetra en la carne de Ida, y la abre, y la desgarra para matar su falso secreto.

Pero es inútil luchar. Cuando ya todo duerme, y tú, Ida, hablas al oído del Impar, o le cantas, o rezas, o entonces con nanas, todo lo puedes. Y el Impar, hechizado, murmura: «Dime quién eres. Di si existes.» Pues al besarla, él no sabe a quién ha besado. Y el tomarla entre sus brazos le parece una locura; y escucharla, un pecado; y hacerla suya, morirse más que vencerla.

¿Qué hay en sus ojos irisados de deseos contrarios? Sólo juventud, provocación, deseo: La juventud del mundo, la fuerza anónima que presta tanta belleza al retozo de un cachorro o a los ojos negro-dorados de un potrillo, tan llenos de cosas inefables y que, sin embargo, sólo quieren expresar eso que es tan sencillo, aunque a la vez tan difícil: la vida. Y la vida es lo que resplandece en Ida cuando yergue la cabeza y, extática y traviesa, mira

---

[4]   Ida: Metamorfosis del Par. Ida es la pasajera misteriosa que aparece en el relato «El mar» de *Tentativas,* págs. 154-55. Su nombre queda explicado dos parágrafos atrás.

por encima del Impar hacia la nada, o hacia el infinito, o hacia lo que —indefinido— es ambas cosas a un tiempo.

Ahora el Par se llama Pandora[5]. O se llama Circé. Todas las falacias y los prestigios de la magia femenina le convierten al hombre en un esclavo sexual: En un cerdo o en un simio que imita al Impar, repite sus gestos y dice lo mismo que él en apariencia aunque en realidad sólo es su mono, como los cristianos decían que el Diablo era el mono de Dios, y que no hacía más que remedarlo caricaturescamente.

Fascinado por Pandora, tan femenina, voluble, mentirosa y caprichosa, ganado por todo lo que en ella hay de gratuito, falaz e inconsciente, el simio enloquece de sentimentalismo y estúpida vida interior. No lucha como el Impar, lanzado limpiamente a la aventura de ser hombre; sueña, delira, se enternece, llora. Se siente trascendental pero al tratar de imitar al Impar no hace más que parodiarlo. ¡Pobre Mono, Mono-mimo, Imita-monos, Mono sabio que cree saber dónde está lo que busca! ¿Porque está quizá como parece en el cofre de Pandora y en su tentadora virginidad? ¡Ah, no! En cuanto se rompe y abre la *kipselé*[6], todos los dones allí guardados vuelan y desaparecen como anunciaba la leyenda. Y la supuesta posesión del Todo no da nada. Nada salvo la tristeza mortal que sigue al coito.

¡Qué lejos está ya el Impar de sus primeros propósitos! Pues ¿qué pretendía? Ser pura y simplemente un hombre, alguien que sabe por dónde se anda y que yer-

[5] Pandora: Otra de las metamorfosis del Par, símbolo de la doblez. El mito de Pandora aparece por primera vez, en *Los trabajos y los días* de Hesiodo, vs. 42-105, y en la *Teogonía*, vs. 561-589. Pandora fue enviada por Zeus a Epimeteo, a quien engañó.

[6] Kipsele: Es el cofre de Pandora que, según el mito, contenía todos los males. Cuando Epimeteo lo abrió, éstos se esparcieron por el mundo. El enlace con la interpretación que aquí se ofrece (identificación del cofre con la virginidad) lo constituye el poema «La kipsele de Pandora» de *Los espejos transparentes*. El mito y su asunción por el autor se desarrolla en las páginas que siguen.

gue, frente al impúdico exhibicionismo, su dignidad de varón; frente al contagioso delirio, un simple y difícil buen sentido; frente a las orgiásticas confidencias, la corrección; frente a la simpatía, el respeto; frente a la empatía, la distinción y el orden; frente a las emociones informes, una demanda de coherencia y de continuidad; frente a los engaños del yo de doble fondo, la implacable verdad de lo que uno es sin cuentos; frente al caos, una figura bien perfilada; frente a la indudable indecisión, una dirección y una acción.

Volvamos a empezar lo que no tiene fin.

En su arranque, el Impar con sus trabajos y sus pasos contados, quiso ser como Prometeo [7]. Porque se decía:

Prometeo se alzó contra los dioses y proclamó: «Voy a crear un mundo humano, un mundo pequeño pero todo mío, un mundo que exigirá mil trabajos e impondrá mil sufrimientos, pero que será más digno y más valioso que el de esos Olímpicos, que, aunque parezcan poderosos, están dominados por la Fatalidad. Zeus caerá. Todos los dioses caerán. La ley impersonal que gobierna el acontecer está sobre ellos como sobre todo, y traerá —trae ya con el Prometeo Impar— un nuevo reino: El del hombre sin dioses; el del hombre que ni siquiera aspira a ser como Dios: el del hombre que acepta su finitud y sus limitaciones y no quiere fantasear sino simplemente ser el que es: Pequeño, terreno, obstinado y, aunque mortal, dignamente creador.

Sí, como Prometeo quería ser el Impar. Y su fábula era su Evangelio, es decir, la Buena Nueva o Noticia.

Prometeo tomó el barro informe del Caos originario, lo modeló y creó a los hombres terrenos a imagen y seme-

---

[7] Prometeo: Nueva metamorfosis del Impar. El mito de Prometeo también de ascendencia hesiódica, es bien conocido. Tras robar el fuego a los dioses, intentó enseñar a los hombres la técnica. Aquí aparece sobre todo como modelo de praxis y como contraposición de Epimeteo, su hermano e imitador. En *El derecho y el revés* Prometeo corresponde al ingeniero, Epimeteo al Mono y Pandora a Ezbai (*no / sí en* vascuence).

122

janza de su afán. Les insufló su idea de un materialismo sagrado, su moral del esfuerzo sin fines trascendentales, y el amor como una entrega a lo inmediato y lo concreto. Pero no bastaba. Porque todo era aún demasiado abstracto. Y entonces, predicando con el ejemplo, les enseñó los principios de la Técnica: La domesticación del toro, del caballo, del fuego y de todas las energías naturales; las astucias de la Metalurgia, la Medicina y la Navegación; y a la vez, y con todo ello, la posibilidad de erigir en medio del Caos, tan poderoso como innominado, un mundo ordenado y medido por el cómputo del tiempo, las distancias, los números y el alfabeto.

Esa era la fabulosa aventura que soñaba —sólo soñaba aún— el Impar: La aventura del hombre en trance de revivir la forja de un mundo nuevo, realmente nuevo, porque ya no es el de la Naturaleza. Pensémoslo: Las luces que encendemos, las ruedas sobre que andamos, las puertas que abrimos, todo en nuestra vida, y cada vez más, da testimonio de una realidad contra-naturaleza. Y con ello plantea un desafío que ya no nos parece desesperado. Porque lo podemos todo. Y cuanto más resolvemos nuestros problemas materiales e inmediatos gracias a la Técnica, menos pensamos en lo infinito. Y así vamos matando a los viejos dioses. Y a la mujer mayúscula por de pronto.

Como Prometeo, quiso ser el Impar. Mas helo aquí transformado por la rebajadora magia femenina de Pandora-Circe en un mono mal imitador de su hermano: En Epimeteo [8], el miserable y conmovedor enamorado, el charlatán, el tonto metafísico.

---

[8] Epimeteo: En la actitud hacia el mundo y la realidad la contraposición Prometeo/Epimeteo es un reflejo de la del Impar/Par. Se trata de la dicotomía del hombre activo y creador en contraposición al contemplativo y artista. En el poema a Juan de Leceta de *Las cartas boca arriba*, el autor desdobla su yo asignando la parte prometeica a Juan de Leceta y la epimeteica a Gabriel Celaya. Sobre esta misma contraposición, vid. *El derecho y el revés*, págs. 45-46. Sobre el mito de Prometeo en general,

Lo que está arriba está también abajo, reflejado al revés en las aguas del abismo, y a este espejismo recurre Circé [9] para convertir al Héroe en una bestia filosófica y sentimental. No hay nada peor que lo dado por quienes creyendo copiar lo alto hacen su caricatura. Si Prometeo fue una mala imitación de los viejos dioses, Epimeteo fue otra peor de su hermanos. Quiso hacer lo mismo que él hacía y, sin querer, se convirtió en su contrario: En el hombre de la vida interior y en el soñador del superhombre. Pues esta es la doblez o duplicidad de la vida: Su falsedad automática: Su inevitable mentira.

Prometeo manda: «¡Trae! ¡Deja! ¡Tira! ¡Basta! ¡Ahora! ¡Eup!». Su lenguaje es el de un trabajador y sus voces prefiguran la acción. Centran el mundo. Le erigen en ordenador de lo que puede hacerse. Pero cuando habla Epimeteo —esa conciencia morbosa que se erige dentro del Impar por culpa del Par—, ¿en qué convierte su dictado centralizador y humanizador? En preguntas como: «¿Por qué hacemos esto en lugar de hacer lo contrario? ¿A dónde vamos? ¿Por qué hay algo en lugar de no haber nada? ¿Qué quiere decir ser? ¿Soy lo que soy o no soy, etc.?»

Son preguntas tontas, pero desconcertantes como esas que suelen hacer los niños. Pues lo que ocurre justamente es que Pandora-Circé ha convertido al hombre en un pobre niño, su querido hijito para siempre y sin remedio: Un delicioso animalito. Por otra parte, tampoco Prometeo tiene respuesta para esos trascendentalismos en que se hunde su hermano. Su embriaguez creadora le salva de enredos introspectivos y su heroica afirmación vital llena con su empuje la oquedad de todos los posibles interrogantes.

---

vid. el reciente *Prometeo: mito y tragedia,* de Carlos García Gual (Madrid, Hiperión, 1979).

[9]   Circé: Aunque menos desarrollada, es una variante de Pandora el Par. Como se sabe, es el personaje de la *Odisea,* mujermaga que retuvo a Ulises con sus encantos.

Esta es la trampa eternamente repetida, y siempre con éxito.

Para acabar con Prometeo y distraerle de su titanesca empresa humanística, los —digamos Olímpicos— encerraron en una figura de mujer todos los dones —eso quiere decir Pandora— que podían tentarle: La belleza física y la atractiva falacia, la ingenuidad que es a la vez perversidad, la impúdica incitación y el equívoco recato, la mentira de doble rostro y la tiranía de la pasión, las ambigüedades de una dulzura serpentina y el ardor que consume en nada, las insinuaciones que prometen y más prometen, y la belleza patente pero vacía.

Pandora, aunque parece todo o porque puede parecer cualquier cosa, no es nada. Es lo infinito de la nada: El reflejo invertido del ansia prometeica, el amor de Epimeteo, la grotesca parodia en que los dioses tratan de dejar los titanescos propósitos: La cómica confusión de lenguas en torno al proyecto de la Torre de Babel, la cháchara vacía de los simios y el tartamudeo lírico de los soñadores y los enamorados que, con los brazos caídos y los ojos en blanco, se dejan hipnotizar por falsas trascendencias y, extasiados ante ellas, descuidan el trabajo positivo y real que compete a quienes, como Prometeo, quieren ser nada más ni nada menos que hombres.

Es la fascinación de Pandora. Porque si Prometeo intenta rechazarla, transformado en Epimeteo, su Doble, se entrega a ella. En su belleza —en su pura y simple belleza— encuentra una respuesta a sus afanes. ¿Para qué enconarse en los desesperados trabajos y combates varoniles? La mujer es un regalo de los dioses: Un verdadero presente: El ahora absoluto sin más allá ni futuro que apacigua deleitosamente nuestras inquietudes.

La conciencia del Impar en Epimeteo le advierte a éste que en Pandora hay un engaño y un peligro. Pero Epimeteo, apasionado, nocturno, y más dado a los turbios ensueños embriagadores que al duro trabajo de los héroes colares, toma a Pandora y, contra todas las leyes, hace de ella su mujer. Nada ve más allá de ella. Y así la adora, rendido, degradándose.

Sólo cuando ya ha roto su hermética virginidad, la conoce. Abre la *kipselé* —el bello cofre de aquel cuerpo en el que los Olímpicos habían encerrado todos los dones— y entonces esos dones vuelan vanos y volubles dispersándose en el aire. Y lo que a Epimeteo le queda entre los brazos, muerto el deseo, es sólo un cuerpo de mujer: El mismo cuerpo que antes tanto había adorado, pero ahora vacío, devuelto a la simple evidencia de su apariencia o a su puro ser apariencia. Y entonces le da asco y vergüenza.

El encanto de Pandora había sido un engaño: Su todo era nada: Lo infinito invertido; lo divino, caricaturizado. Y Epimeteo llora, y maldice, y abomina la diabólica magia femenina, y abomina de sí mismo al descubrir lo más bajo en donde se había prometido lo más alto. ¿Qué otra cosa había? Sólo la esperanza [10] de no sabía qué: Lo que siempre está allá, más allá, en ninguna parte.

Ahí está lo epimeteico: En el espejo: En el doble juego· En la turbadora ambigüedad y en la inevitable falacia de algo tan natural y tan simple en apariencia como el sexo.

¿Quién es Pandora? Quizá sólo una chica frívola y bonita. ¿Quién es Ida? ¿Quién, Circé? ¿Quiénes, las Ninfas y las muchachas en flor? Todas son la misma [11]. ¿No se transforman una en otra? Si les cambio el traje, les cambio también el alma. Si les revuelvo el pelo, ríen loca y anónimamente tentadoras. Si las beso, sus labios son una medusa de succión anhelante. ¿Para qué viven? Sólo para hacernos creer que el amor es lo único

[10] La esperanza, según el mito, fue lo único que quedó en el cofre cuando los males se esparcieron por el mundo.

[11] Idea fundamental de que todas las metamorfosis del Par son variantes —se añade ahora la Esfinge— de un mismo principio encarnado en la mujer. Cfr. *Lázaro calla*, pág. 99, «todas las mujeres son iguales».

importante en la vida. Pero lo sorbente de su vórtice [12] suave le produce al Impar un poco de asco.

Algunas veces, la Mujer-Par nos mira pensativa con unos ojos extraños y una sonrisa levemente rizada. No es que esté pensando. Simplemente está haciendo como que piensa. ¡Y qué enigmática parece entonces! Pero la mujer es una Esfinge sin secreto. Quitémosle su careta. Encontraremos otra. Quitémosle también ésa, y otra, y otra. Al fin sólo encontraremos un óvalo liso y sin facciones: Su único y verdadero rostro: El de la Esfinge que no oculta nada.

Ahora el Par se llama Marta [13]. Y el Impar se pregunta por qué está allí viviendo con él. Quisiera preguntarle: «¿Quién es usted? ¿Qué hace aquí?» Pero no se atreve. ¡Parece algo tan sabido! Le tomarían por loco.

Marta tricota. Trabaja mecánicamente, sin mirar lo que hace, con la cabeza alta y los ojos vacíos de puro luminosos: Tres al derecho; dos al revés; un sorgete; adivina; dos al revés; tres al derecho; adivina. Y es la Esfinge o es la Parca. El hilo, lalilo, laleila.

De vez en cuando Marta levanta su labor y la mira como si le sorprendiera y a la vez le consolara que de su ensueño vacío vaya surgiendo algo tan coherente y tan hecho. ¿Es una alucinación? Una claridad fulgurante ilumina las últimas profundidades del vacío: Tres al derecho; dos al revés; un sorgete; dos al revés...

Marta, como si sus manos estuvieran dotadas de una vida independiente de la suya, maneja sus agujas como un insecto sus antenas; y sus ojos fijos y ausentes son los de la Mantis Religiosa.

Vivir con Marta es irse en nimiedades: Convertir en un quehacer rutinario el inventar, iniciar, decidir y crear del

---

[12] Vórtice: torbellino.
[13] Marta: El personaje de dos libros de Celaya, *Lázaro calla* y *La buena vida* aparece como nueva encarnación del Par vacía, hogareña. Aquí aparecen en un fundido las imágenes de Marta-Parca-Mantis en uno de los párrafos más logrados del libro.

Impar. Hacerse de menos. Porque un hombre vulgar no es un hombre como la mujer es mujer en su cotidianeidad. Un hombre es siempre una criatura extraordinaria: exige cosas que parecen locas y desproporcionadas; y clama al cielo si se las niegan. No se comprende, por ejemplo, que necesite convertirse en un héroe. No se comprende que tan estúpida idea nazca en una cabeza razonable. Es, sin embargo, la más humana de las ideas. No queremos, ni podemos vivir porque sí. Preguntamos «¿cómo?, ¿por qué? y ¿para qué?». Buscamos un sentido a lo que quizá no lo tiene; reclamamos el fundamento de nuestra libertad.

¡Esta es la cuestión! Ante el continuo ajetreo de Marta, y ese consumirse en pequeñeces y preocupaciones que no debían preocuparle, el Impar se dice: Si el hombre no es nada más que un hombre, ni siquiera es hombre.

Un poeta cantó [14]: «Lo grande siempre es fresco, vital, vivificante, en tanto que lo nimio nos achica y nos hiela.» ¡Cierto! Pero el Impar necesitaba ver a Marta, vivir su pequeñez, oírla, saber que estaba cerca, y no para sentirse feliz sino sencillamente para estar tranquilo. Porque era un ser incompleto.

No podía vivir sin Marta, pero en cuanto vivía con ella, vivía para ella, se empequeñecía, se dejaba absorber. A veces reaccionaba con sobresalto: «¿A dónde voy? —se decía entonces—. ¿Qué es esto? ¿Qué significa cuanto hago? ¿Por qué digo sí a una cosa y no a la otra? ¿Hay alguna razón? Todo lo que me rodea es inconsistente y falso. ¿Por qué me alegro con las bobadas que llamo buenas noticias? ¿Por qué me preocupa si Marta está enferma, o si unas acciones bajan, o si hay transtornos políticos? ¿Acaso todo esto tiene algo que ver con mi verdadera vida? ¿Qué trato de ocultar con ese barullo en el que estoy metido? ¿De qué huyo en realidad? ¿Qué seguridad estoy buscando?»

---

[14] Goethe, según declara en *Lázaro calla,* pág. 87. Cfr. también la cita anterior, *ibíd.,* pág. 89.

¿Por qué vivimos acosados? [15] ¿Por qué tenemos miedo? Nada de lo que nos perturba vale la pena de que lo tomemos en serio. A veces, ante el mar, o contemplando una noche estrellada, experimentamos que ninguna de las inquietudes que nos atormentan es real, que no es nuestra realidad, que no afecta a lo que realmente nos importa. El Impar respira hondo y se dice: «Está bien, todo está bien.» Y se siente contento de vivir y de que las cosas-cosas, no los asuntos de nuestra sociedad, sean como son Pero esos momentos son excepcionales. Nuestra existencia cotidiana no se desenvuelve según el ritmo de la naturaleza. No tiene su grandiosidad ni su calma. Estamos impacientes, aunque no sabemos de qué. Tenemos prisa. Y vamos inquietos de un lado a otro manejando automóviles, leyendo periódicos, proyectando negocios, como si no supiéramos que nada de eso nos importa en definitiva.

Todo lo que quisiéramos coger se nos va entre las manos, inconsistente. Nos consumimos en naderías; nos suicidamos. Nada de lo que hacemos debía de ser para nosotros bastante importante pero, de hecho, resulta que nada es demasiado insignificante. ¿No es asombroso que nos apasionemos por tantas nonadas? Inútilmente pensamos en nuestros fines. Las ocupaciones del momento nos entretienen, nos queman, nos gastan y, a la postre, nos hacen definitivamente triviales. No hay descanso posible para nosotros. La avaricia y la prisa parecen precisamente el único remedio a la fuga del mundo; pero la avaricia nos reseca y la prisa nos disgrega.

No vivimos, padecemos. Somos pasivos; somos vividos por las mil urgencias que de todos lados nos solicitan. Las cosas nos objetan, nos sujetan, nos hacen sujetos. Y no actuamos; reaccionamos. Somos una cosa entre las

---

[15] A partir de aquí y durante varios párrafos se transcribe el flujo interior incrustado en la novela *Lázaro calla,* págs. 89-92, que muestra el desarraigo del individuo con respecto al medio en que vive.

5

cosas, golpeada, traída y llevada de aquí para allá, triturada entre estúpidas y secas necesidades. No somos hombres, ni siquiera hombres. Porque esas limitaciones no son nuestra condición sino nuestra cárcel. No hemos nacido para ellas y según ellas. Hemos caído en una trampa. ¿Cómo escapar?

Cierto que hemos inventado técnicas que nos permiten ejercer un cierto dominio sobre el mundo. Por ejemplo, la Lógica. O mejor aún, la Ciencia. Pero la Lógica cosifica las ideas y la Ciencia eleva a dogma la necesidad. Sus adelantos no nos proporcionan lo que necesitamos. Hasta se diría que cuanto más progresan esas técnicas, más inquietos y nerviosos nos vamos volviendo nosotros. Y es que todas admiten como primer principio que el hombre, sujeto a leyes, es una cosa entre las cosas y esto equivale a renunciar a nuestra verdadera soberanía: La del Héroe, que es siempre un héroe contra el Destino, una afirmación de la Libertad.

La fuerza del héroe radica en su renuncia a toda clase de seguridades y de leyes. ¿No intenta lo imposible, lo único? Desafía el fracaso que necesariamente ha de producirse pero en el mismo fracaso se afirma triunfal. ¿No es un iluso? ¿Por qué no nos burlamos de él? Porque en el error grandioso del héroe apreciamos un valor, como si el ser grandioso lo dispensara en cierto modo de ser un error. ¿Y por qué más? Porque ha descubierto una verdad que está más allá del mundo de la Naturaleza que nos limita: la Libertad.

La verdad que no pasa de evidencia, certeza o razón es una cobarde demanda de seguridad a la que hemos de renunciar. Permite hasta cierto punto dominar las cosas, pero no independizarnos de ellas como el héroe, entrañado en sí mismo se independiza. La valentía abre el mundo de los valores. Sólo el héroe es hombre. Si respiramos ancho, esto nos hace valientes, nos liberta, nos pone fuera del alcance del mundo cosificado, y de su finitud, y sus leyes.

Marta no lo comprendería nunca. Era el Par: Su enemigo natural [16]. Y no sólo le odiaba a él sino que además se odiaba a sí misma. Y, fuera suicidio o fuera sadismo, buscaba su propia destrucción. ¿No es eso lo que a fin de cuentas busca siempre la mujer? La paz de la aniquilación. La nada de la que aparente y convulsivamente trata de escapar. ¿Qué significa su tan alabado sentido de la abnegación, sino que necesita sufrir intensamente para que su yo no se le evapore del todo? Hay personas tan vacías que sólo en la agudeza del dolor se sienten a sí mismas, y Marta, Par por excelencia, era una de ellas.

No, el Impar no podía acabar en sus brazos y en su abismo. Tenía que asaltarla. Tenía que emprender algo heroico. Y con lo de heroico, no trataba de insinuar nada desmesurado o extraño. Cualquiera de los trabajos que acometen los hombres se convierte en heroico si se emprende con un sentido de la grandeza.

Marta calla. Sufre callada. Se siente sentir. Y su silencio es el más patético de los reproches, el más difícil de resistir. Porque ella, ¿qué dice? ¿Acaso protesta?

El Impar se conmueve. Siempre le han conmovido esos continuos y silenciosos sacrificios. Pero resiste; se rebela. Porque en la compasión no hay grandeza ni valor. Compadecer es disolverse: fundirse en el todo-nada panteístico de la piedad universal. Lo que sólo se mueve entre los polos de la dicha y el sufriendo queda en la superficie. Más allá de tal oposición se levanta la de los valores y la nada: La que plantean los Héroes. ¿Y cuál es el primer valor? ¡La valentía! Si quiere ser, el Impar tendrá que atreverse a herir a Marta por mucho que la compadezca. «El héroe es de fuego y no llora»: Pasa

---

[16] Concepto del amor como unidad de contrarios, heredero del surrealismo. Así puede verse a lo largo de *L'amour fou* de A. Breton. Cfr. «La mujer: mi contrario» en O. Paz, *Libertad bajo palabra,* pág. 9. El mismo Celaya había manifestado estas ideas en *Tentativas,* págs. 221-222 y 245-246.

incólume a través de la felicidad y la desgracia, y del éxito y el fracaso.

Hay que hacer algo contra viento y marea, aunque lo que hacemos parezca vano e inétil. Hay que hacer algo porque sólo eso es vivir. Y si no otra cosa, el Impar quiere por lo menos vivir, vivir de verdad, vivir la verdad, aguantando firme la resaca que nos arrastra a los bajos fondos sentimentales. Firmes, fríamente resueltos. Pero sin crueldad. Porque también la crueldad es una disolvente voluptuosidad que nos deshace por dentro y muy femeninamente nos conduce, tanto como la pasión, al mundo donde no hay un más allá de la alegría y el dolor, y la embriagadora voluntad de poderío y la aniquilación consoladora.

He aquí ahora declarada la secreta guerra de los sexos. Secreta porque una mujer como Marta puede perdonar pero no comprender al Impar.

Lo femenino es la antítesis del heroísmo. Nosotros amamos el combate; ellas, la paz, y hasta ese simulacro de la paz que es la rutina. Nosotros somos duros, exigentes: queremos despertar; ellas están llenas de dulzura y de piedad: quieren adormecer. Nosotros nos ligamos a otros hombres en trabajos comunes; ellas nos encierran en un hogar exclusivo y absorbente. Nosotros queremos ver claro; ellas nos sumen en los sentimientos indiferenciados y en el tornasol de la coquetería, y en lo equívoco, y encantador, y fluctuante. Nosotros somos lo que somos sin más; ellas, Maya [17], la ilusión del mundo. Nosotros, héroes, nos afirmamos en un esfuerzo y una empresa; ellas arrastran a lo anónimo de la especie, a lo confuso, espeso, perezoso y dulce. Nosotros somos aventureros y creadores; ellas, reproductoras, cíclicas, ligadas a la eterna repetición de la naturaleza. Nosotros, atentos a una vocación; ellas, entregadas a un instinto. Nosotros, vuel-

---

[17] Maya: En sánscrito, ilusión. En la filosofía india denominación que indica la ilusión de que el mundo tiene una realidad consciente.

tos al futuro; ellas, al pasado. Nosotros, innovadores; ellas, repetidoras.

Siempre se había crecido ante el Par. Siempre se había creído el más fuerte. Y hasta se había asustado de serlo demasiado como si jugara con ventaja. Sólo ahora advertía qué insidiosamente el Par, haciéndose de menos y envolviéndole en lugar de enfrentarse con él, le había ido minando.

Escenas de su vida con Marta que, en su día, le habían pasado desapercibidas, recordadas ahora con una espantosa claridad, revelaban cómo había sido manipulado. Porque él, que se creía el héroe, había sido la víctima.

¿Qué había pasado? No se trataba de sucesos extraordinarios sino de hechos nimios en los que sólo ahora vislumbraba mil intenciones secretas. Su vida con el Par, que ahora se llamaba Marta, tan mansa, sorda y vulgar en apariencia, ocultaba un cúmulo de vilezas, humillaciones y tortuosas venganzas cuya última razón permanecía en la sombra pero que siempre estaban aludiendo a ella, aunque sólo fuera en la forma vaga de un sentimiento de que había algo, algo extraño, no se sabía qué.

Todo lo que decían y hacían, según notaba ahora, tenía un segundo sentido. La mirada de Marta cuando le daba los buenos días, y su manera de doblar la servilleta o de interrumpirse a mitad de una frase, tenían algo de extraño. ¿Qué significaban en definitiva? Sólo ahora lo sabía. Día a día, y no se diga noche a noche, habían estado librando un subterráneo combate: Se tendían trampas, se mentían, se sonreían, sospechaban el uno del otro, sumidos en la fascinación, el vértigo y los espejismos de la vida sexual.

Huyendo del horror [18], el Impar se ha encerrado en su habitación. De pronto suena un timbre estridente. La puerta se abre sola como disparada por un resorte y

[18] Transcripción casi completa de un sueño en *Lázaro calla*, página 162.

Marta entra, sonámbula, caminando con entrecortados pasos de muñeca. El Impar quisiera detenerla. Tiene el presentimiento de que va a ocurrir una desgracia. Pero está inmovilizado en una silla eléctrica, rígido, con los ojos muy abiertos. El espanto corre por sus nervios y va desnudándolos uno a uno: Una ramificación de luz delgada y vibrátil se apaga y se enciende bajo su carne de sombra. Es la vibración del timbre: Su escalofrío: Su miedo.

Marta pasa delante de él, sin mirarle, con rígidas sacudidas de autómata. ¿Qué va a hacer? Marta abre el balcón y, dando un saltito ridículo, se tira a la calle. ¡Qué horror! Suena un timbre estridente. La puerta se abre sola y Marta aparece en el umbral como si nada hubiera pasado. Camina mecánicamente hacia el balcón. ¿Cómo detenerla? ¿Cómo impedir que el juguete infernal siga funcionando por los siglos de los siglos?

El Impar quisiera decirle a Marta: Estaba soñando que sonaba un timbre estridente; la puerta se abría sola y tú entrabas como un autómata. Yo quería detenerte. Tenía el presentimiento de que iba a ocurrir una desgracia y hubiera querido decirte: Estaba soñando que sonaba un timbre...

¿No es diabólico?

Marta le había vampirizado. Y no la acusaba porque sabía que en el fondo actuaba movida por fuerzas superiores a ella. Pero no había duda de que había estado maquinando contra él —maquinar era la palabra justa— movida por un instinto satánico de destrucción y por ese odio inconsciente, más puramente sexual que el amor, con que el Par distingue al hombre. Marta vivía dormida y soñaba despierta; vivía y dormía del mismo modo sin transición. Por algo le había asustado verla a todas horas con las manos ocupadas y la cabeza vacía, atenta al ajetreo y a la vez ausente. Era un cadáver ambulante que ni acertaba a mantenerse enteramente despierto, ni se abandonaba por completo al descanso: un verdadero vampiro. Todo la denunciaba: sus incoherencias tanto como sus automatismos; sus ausencias tanto como aquella sed devoradora con que se volvía hacia él y que ella llamaba amor.

¿Cómo había llegado el Par a apoderarse de él? Empezó suavemente, envolviéndole, cautelosa, en su tela de araña [19]. Pues todos aquellos cuidados que le prodigaba y todo aquel sistema de rutinas de su vida casera, ¿qué eran sino una red tendida al pez inquieto y juguetón de su atrevida y emprendedora vida de hombre?

¡Cuántos mimos! Si hacía calor, no faltaba la ensalada; si frío, el cocido; y en abril, los primeros guisantes; y en agosto, las mejores sardinas. Y cada mañana, allí estaba la camisa limpia preparada, y es más, el cepillo de dientes con la pasta puesta. Atendía a que tuviera una cerveza bien fría cuando volvía del trabajo; y a dar cuerda al reloj del comedor cuando él no estaba delante, ¡porque le ponía tan nervioso aquel ruido! ¡Odiosas minucias!

Era todo un sistema de mimos y pequeños cuidados que ella había montado desde el primer día —¿desde cuándo?, se decía el Impar— y que el tiempo había ido codificando y elevando a una especie de rito. ¡Pero era también una trampa! Marta le sujetaba, le acaparaba en la misma medida en que iba reduciendo su impulso locamente heroico y su varonil voluntad de grandeza —todo lo que le movía a ser, a ser de verdad— a una blanda, y cochina, y pequeña felicidad; todo su valor a una mansa lluvia lenta de días apacibles y pacíficas costumbres.

No les unía el amor sino algo más insignificante y a la vez más poderoso, que tanto cabría llamar cansancio, como rutina, vicio, egoísmo o piedad.

¡La necesitaba tanto! Quizá alguna vez le molestara pero sólo como nos molestan el hígado o el bazo. Por-

[19] Transcripción de *Lázaro calla,* pág. 158. El proceso de vampirización del Impar se resuelve en guiños que apelan a imágenes de arañas y mantis. Conjuros, al mismo tiempo, de algo que personalmente el autor ha vivido.

que era suya, carne suya; mucho más que su alma. No la quería; la tenía como uno tiene su propio cuerpo. Estaban tan hechos el uno al otro por las noches de cópulas repetidas y por los largos y espesos años de convivencia que el Impar, separado de ella, no se sentía un hombre solo sino menos que un hombre, semi-hombre, criatura dividida.

El Impar había sido derrotado. Se había proclamado héroe y al primer embate había caído deshecho. El ciego mecanismo de lo cotidiano y de los días iguales le machacaba inexorable reduciendo sus ideas, recuerdos y propósitos a una informe papilla. Lo más grande y lo más nimio se confundía allí. Eso era la vida: Una sucia promiscuidad sin arriba ni abajo, ni mejor ni peor. El esfuerzo heroico y viril para edificar algo sólido y coherente con este fango acabará siempre burlado. Todo es efímero, estúpido: nuestros imperios, nuestras culturas, nuestro progreso. Nada significa nada. El perdón y la piedad son nuestro único consuelo. Las Madres nos acogen y, acurrucados en su seno, descansamos. Ellas nos mecen, nos cantan, nos regalan con una dulce muerte.

No. No. El combate no había terminado. Desnudos tenían que luchar: Él, hombre, contra la mujer; él, héroe, contra sus adormecedoras delicadezas y dulzuras; él, creador de Historia, contra la naturaleza estática; él, lúcido, contra el torrente ciego; él, estoico, contra la disolvente mística panteísta; él, firme, contra la magia de la música; él, con su fe, contra la evidencia de la muerte; él, con su valor, contra la desalentadora piedad que acaricia la inutilidad de nuestros esfuerzos; él, con su decisión, contra la resignación; él, pequeño David, contra la enorme y amorfa potencia de la vida una; él, Impar, contra lo siempre repetidamente Par.

La mujer es tibia y húmeda, informe, pantanosa; el hombre, seco, definido, blanco y ardiente, sexual, no sensual. Fósforo blanco de lo masculino: El falo. Un cauterio aplicado a la herida siempre abierta por donde la mujer se desangra periódicamente, desfalleciendo, deshaciéndose.

Nosotros, delgados, firmes, concentrados. Ellas, exuberantes, vueltas hacia fuera —senos, caderas— se abren como una planta cazadora de moscas; nos atraen para devorarnos; nos fascinan como el peligro. Y caemos con ellas en el indiferenciado y pululante mar de los orígenes [20].

La mujer, anónima, sólo especie, es instintivamente enemiga del hombre impar, personal, heroico.

La mujer es más antigua que el hombre: fabulosa, indefinida, primordial. El hombre, criatura reciente, lucha para subsistir. En las especies inferiores no hay machos. Las hembras pueden engendrar sin ellos por partenogénesis [21]. Si el macho ha surgido no ha sido por una necesidad biológica. La verdadera y única servidora de la especie es la hembra. Cuando aquél aparece es una criatura ridícula y rudimentaria: El macho de la bonelia vive como un parásito en el útero de la hembra; comparado con ésta, su tamaño no es mayor que el de una pulga en relación con un hombre. Todavía entre los pulpos, el argonauta hembra es quince veces mayor que el macho. ¿Y entre los peces abisales? El ceratia macho carece de aparato digestivo y de aparato respiratorio; la hembra, que es inmensamente mayor, le nutre y le transporta. A veces lleva tres o cuatro machos parásitos sobre su cuerpo. Puede permitirse ese lujo matriarcal. ¿Y los insectos? Para fecundar a ciertas arañas, el macho tiene

---

[20] Afirmación capital cuanto el héroe que nace a la vida con voluntad de dominio es frenado por el Par y vuelto a lo informe de los orígenes. En la misma línea de la afirmación de Novalis de que «la mujer es el alimento corporal más elevado» pueden verse idénticas ideas en Octavio Paz, *El arco y la lira,* págs. 152 y 55.

[21] Partenogénesis: Reproducción sin intervención de elementos masculinos. Abisales: de los mares profundos. En este párrafo vuelve a utilizar ejemplos de las ciencias naturales y la biología, mientras el discurso imita, en puro divertimento, el lenguaje científico. Cfr. *Lázaro calla,* págs. 102-103.

que empezar por hipnotizarlas, aprovecharse de su instantánea pasividad, y huir enseguida. Si no, le devoraría como la Mantis Religiosa, que no en vano es uno de los insectos más arcaicos, lo devora indefectiblemente.

¿Qué importancia biológica tiene el macho? Ninguna. Es un invento arbitrario y fantástico que la Naturaleza no precisaba para alcanzar sus fines. La hembra se basta a sí misma; él, no. Al parecer no es más que un capricho de la hembra, casi un órgano suyo. Pero un día, ese organo se desprende y adquiere vida independiente. ¡He aquí una sorpresa! Porque la reproducción bisexuada no es una mera etapa en la evolución de las especies sino un hecho radicalmente nuevo. Con el macho, una nueva posibilidad de vida amanece: La lucha, la persecución, la conquista, el puro trascender que la madre, sumida en un sueño ancestral, ignoraba. Y ahora, frente a frente, combaten. Porque la cópula es un combate: El más importante de los combates.

En la cópula se decide si el macho ha de morir sacrificado a la función reproductora o si, en vez de volver a hundirnos en la ciega fermentación de la materia una, podemos implantar un mundo masculino, es decir, en último término, un mundo de cultura, un mundo histórico, un mundo de progreso. O, sencillamente, un mundo humano.

Con el macho Impar nace la Humanidad. Porque la hembra no es aún humana: Impersonal, ciega, indiferenciada, se pierde y trata de perdernos en la informe e inhistórica pululación de la noche primitiva. Por algo dicen los biólogos que la hembra representa la herencia, y el macho, la variación. Aquélla, sometida en sus reglas de menstruación o de celo al ritmo cíclico de la Naturaleza y al juego de sus sempiternas repeticiones, sujeta por la preñez y el cuidado de sus hijos, se consume en su tarea reproductora.

El Par —adorable en su tentación y en su misión sombría de Magna Mater— está condenado a la esclavitud por la razón misma de su permanente inmanencia. Pero el macho Impar cumple rápidamente su función sexual, menos atado también por los instintos del cuidado de la prole, dispara su energía a otras empresas. Y lucha, inventa, corre, canta. Se ve que fue creado para algo más que para la reproducción sin cambio de la especie. Es móvil e inquieto; se entrega a mil fantasías. Y aunque éstas puedan parecer una loca prodigalidad —y a la hembra-Mater, atenta a la economía de su nido o su cubil, se lo parecen desde luego— en ellas está el impulso que pone en marcha la aventura de la Historia. Sin ese impulso, puramente animal en principio, pero, ya en su arranque, trascendente, no habría hombres; habría solamente hembras. O, más exactamente, una hembra única, gigantesca, sumida en el sopor de una ciega reproducción. Porque las células femeninas son pasivas; las masculinas, activas. La hembra se multiplica, idéntica a sí misma, mientras que el hombre varonil, ya en el mismo coito, la traspasa y apunta a otro mundo: El suyo: El de los hombres que cambian con la Historia.

El Impar piensa como si estuviera solo. Pero sospecha que no lo está. Levanta la cabeza y efectivamente ahí está el Par mirándole. El Par ahora se vuelve a llamar Ida. Su voz, que él no sabe lo que dice ni le importa, suena velada y un poco ronca. Suena como ausente pero pletórica de significados secretos.

El Impar se siente paralizado ante la hembra devoradora, extática e irremediablemente sensual. Y ante esa mujer exuberante, húmeda y tropical, se siente delgado, casto y puro, seco como el fuego. Y es como un niño acercándose a una diosa, a la terrible Diosa primigenia y nocturna[22]. Pues como tal se le presenta ahora Ida, monumental y barroca, dulce y olorosa, deliciosa, hedionda.

---

[22]   En el drama cósmico en que el surrealismo consiste, el

Ida, este es su nombre, y esta su apariencia fugitiva. Ida, con toda la sombra detrás, surge en el quicio de la puerta como si siempre hubiera estado allí. Parece un fantasma. Pero no lo es ciertamente. Para convencerse basta ver brillar sus ojos oscuros, en los que caben todas las estrellas, temblar sus labios entreabiertos, respirar su perfume. Más que sensualidad, trasluce avidez. Una sed inmensa, anhelante, que pone luz en sus ojos y emoción en su voz cuando le llama al Impar por su nombre desconocido.

Ahora avanza hacia él. Y hay un hechizo en sus movimientos levemente ondulantes; algo contradictorio entre su esplendidez carnal y su blancura nocturna, algo envolvente, atractivo y repugnante a un tiempo, como si aquellos brazos se prolongaran al tenderse, siguiendo indefinidamente el ritmo fluctuante de su paso sensual y sus caderas indecisas, hijas del equívoco y la curva. Algo demasiado animal, algo serpentino. Como su rostro tan finamente dibujado pero tan frío, casi mineral, y su cabeza que resultaba exageradamente pequeña. Pequeña como la de una serpiente[23].

Hay que luchar contra la Hidra y hacerla morir sacándola del pantano en que chapotea. Para salvarla y salvarse, el Impar toma a Ida entre sus brazos y la atrae hacia sí. Al acariciarla, palpa sus límites. Y el sentir ese cuerpo que existe fuera de él, en el espacio exterior, le salva del vértigo. Esto es todo: Un cuerpo, nada más que un cuerpo, pero tan cerrado en la propia ley de su hermosura que nada podía alterarlo. ¿No es maravilloso? Cuando todo se deshace, cuando nuestro pensamiento

amor, la mujer, adopta la forma de una divinidad terrible, feérica. Así en Breton. Aquí se funden de nuevo estas imágenes con la de Ida y la Hidra clásica. Por otra parte, en los párrafos que siguen, los pasajes de *Lázaro calla* están ya reelaborados y nuevamente estructurados, y se aplica a Ida lo que en la novela se hace a Marta.

[23] Serpiente: La misma frase, referida a Ida, en *Tentativas*, página 157.

vuela pulverizado y no sabemos ya ni qué sentimos ni qué somos, el cuerpo subsiste y nos lo dice. Estamos orgullosos de nuestras construcciones mentales, y de nuestra voluntad, y de nuestra Cultura, pero ¡son tan frágiles! El cuerpo, en cambio, resiste. Lo que pasa es que de tan hecho y seguro como lo tenemos llegamos a olvidar cuánta sabiduría hay en su orden y cuánto de denuedo debió ser preciso para ganar su equilibrio y su fuerza. El cuerpo: ¡Qué misterio, qué hermosura!

En el mar movedizo, una ola rotunda se ha detenido. Como si hubiera llegado a su perfección cuaja estable; y limitada, objetiva, autónoma, se desprende la materia una de la vida.

—¡Cosita mía! —murmura el Impar.

Porque eso quiere que sea ella: Una cosa, un cuerpo que se pueda retener entre las manos bien seguro, y no un fantasma psíquico, ambiguo y cambiante. El Impar cree en el cuerpo más que en el alma. Y siempre teme que Ida no sea más que un alma: Un juego bovarístico [24], un cabrilleo sobre el vacío. Así cuando la oye reír sin saber por qué se ríe, necesita coger a la evasiva. Porque tocarla no basta. ¿No obedece así, como los asesinos pasionales, a una necesidad de reducir a cosa —la cosa-cadáver en último extremo— a la persona independiente y libre que se le escapa?

Llega un momento en que no le basta coger. Necesita comer. Porque sólo comiendo hacemos rigurosamente nuestro lo otro que yo. Y empieza a comerse a besos a Ida. La boca se ha convertido en el más importante de sus órganos. Como el recién nacido que sólo con ella busca, toca e inquiere el mundo, necesita chuparlo todo para reconocerlo y conquistarlo. Si toma la cabeza de Ida entre sus manos es para llevarla hacia sus labios; si se acerca a sus pechos es para morderlos. En su paroxismo

---

[24] Bovarístico: Ilusorio, adjetivo formado a partir de la heroína de Flaubert.

cierra los ojos porque ver se ha vuelto imposible e inútil, y tocar sólo le satisface si es un tocar con los tejidos húmedos y cálidos de sus partes internas.

Se estaba hundiendo en los modos más arcaicos de comportamiento y, en la misma medida en que se desentendía de sus sentidos más perfectos y evolucionados, resurgían en él otros que en el hombre se hallan normalmente atrofiados. Así, se agudizó su olfato. Olía la hembra como sólo los animales la huelen, y en este olor denso y enervante encontraba una insospechada embriaguez.

Del ver-palpar-pensar había retrocedido a un rudimentario coger-comer-oler y hallaba en éste el fervor característico de las emociones primitivas. Percibía el mundo —el mundo de aquel cuerpo femenino que tenía ante sí, porque para él ya no había otro mundo— no con la piel externa y fría de las manos que ponen un límite y un velo entre el mundo y nosotros, sino directa y entrañablemente con sus órganos internos, en una sensación maciza y torrencial, ciega pero potentísima, que no admitía una especificación en diversas sensaciones, ni era propiamente un palpar, oler o gustar, sino todo eso junto y algo distinto a la vez. Y era él, y lo que no era él sentido a una.

Tocando, y sólo tocando, acabamos por hundirnos en el magma fluido de la vida panteísta y en los torpes movimientos anteriores al yo. Un escalofrío de disolvente voluptuosidad estaba anunciando la agonía de todo lo que era propiamente humano. Y los dos sabían que si cedían a esa convulsión, se disolverían uno en otro, y ambos en el océano ciego de la vida una con la naturaleza. Porque la unión carnal no es unión sino fusión: pérdida de ambos términos en lo informe, anulación de sus conciencias, degradación.

Ante esa impudicia surge en la mujer un instinto: el pudor. Pero los movimientos púdicos con que trata de contener al macho —ahora sólo es un macho brutal—

despiertan en éste un típico y enfurecido impulso masculino de conquista. Nunca había sido él tan duro. Pues lo que sentía ahora no era un moroso cariño sino una recta impaciencia.

Una decisión resplandece en el rostro del macho. Un fuego sombrío le ilumina. Su aspecto es espantoso. Y su resolución dura y fría le clava a la hembra en un éxtasis de terror. No comprende cómo el hombre se ha convertido en una fiera capaz de todas las brutalidades. Pero si la mujer seduce con su belleza y con la ambigüedad del encanto, el varón se impone con su fealdad extrahumana, y su dureza, y su horrible poder. Literalmente fascinada, Ida ya no resiste. Su instinto de sacrificio se impone a su poder y experimenta la voluptuosidad de ser destruida. No quiere darse sino ser violada: padecer, sufrir, ser inmolada, descargar en otro su responsabilidad, dimitir de sí misma. Porque sentirse vacía es el ápice del placer; aniquilarse, el éxtasis femenino y panteísta por excelencia.

Queriendo sujetar lo evasivo, el Impar acaricia y más acaricia al Par. Y su cuerpo se le disuelve así entre las manos. No lo siente palpable. Una delicia líquida le deslíe por dentro y sólo allí, en las entrañas experimenta una sensación hiriente de tan intensa. El torrente pánico le arrastra hacia ese abismo donde tanto da espantarse como extasiarse, sufrir como gozar, engendrar como morir, luchar como andar, morder como besar. Su conciencia se funde y los límites del cuerpo que tiene entre los brazos se le vuelven imprecisos. Abrazado a Ida, forma con ella la bestia única de ocho miembros: Un indiferenciado plasma convulsivo, un monstruo de los primitivos y abisales mundos húmedos y sombríos.

Pero ¿a dónde va? ¿Qué puede contra la avidez de la hembra? Ella, fecundada o no, renacerá a expensas de la sustancia vital del varón. Pero él no recibirá nada. El misterio animal no significa otra cosa: El macho debe perecer en aras de la reproducción de la especie: la hembra, no. La hembra es lo que tontamente prosigue y se repite; lo que, aun cuando la reproducción no se produce, sorbe al varón.

¿No ha caído el Impar en manos de un vampiro? Mira a Ida y no la conoce. ¿Quién es? Ni su rostro, transfigurado, ni sus ojos extasiados son los suyos. ¿Qué le pasa? Está muerta. Pero como esos insectos que, decapitados, ejecutan mecánicamente y con toda perfección los movimientos del amor, la mujer se contrae, succiona, funciona con la fatalidad de una máquina. Y el Impar experimenta el terror primitivo de que va a ser mordido y castrado por ella. Nunca satisfará el hambre de esa mujer. Hay en ella un vacío que nada puede llenar. Y ella no le perdonará. Pedirá más, y siempre más, hasta dejarle a él en nada.

Un estremecimiento de voluptuosidad o de agonía presagia la muerte chiquita del Impar. Retiene todavía su fuerza, y concentrándola rabiosamente quiere que de puro intensa y penetrante sea destructiva: Alcanzará a la hembra en su centro más hondo, la herirá de muerte y, traspasándola, iluminará más allá de ella un nuevo mundo. Su deseo trasciende el apetito animal y, por un momento, tiene como nunca la sensación de poder. Pero el rayo serpentea en las tinieblas, y apagándose y encendiéndose convulsivamente, e iluminando, más allá de toda medida, cruentos cielos viscerales, le deja caer enseguida al Impar con todo el peso opaco de su carne.

Tras la descarga, el contacto de su mujer le produjo al Impar una náusea de asco. Se volvió de lado, y su cuerpo fue de nuevo suyo, y sólo suyo. Pero era un cuerpo muerto. Con las células sexuales de su plasma germinal le habían sorbido la energía inmortal que le mantenía despierto y activo. Un profundo y lento sopor le iba ganando. El héroe había sido vencido[25].

---

[25] Transcripción de *Lázaro calla,* pág. 124. Cfr. *Cartas boca*

Muerto. Estaba muerto. Se descomponía. De él sólo quedaba su carne flotando en el vacío: Vagos islotes sensibles; calambres inconexos; racimos aislados de células palpitantes; una vida informe que, en realidad, ya no era su vida sino la de la materia anónima y ciega que niega el esfuerzo individualizador del hombre y, en una suprema desilusión de lo que creíamos nuestra razón de ser, viene a decirnos que en el fondo somos algo que no debería existir y que por consiguiente dejará irremediablemente de existir.

¡Qué laxitud! Se desmayaba: se deshacía. Y la cabeza pesaba; las uñas crecían; el vientre se hinchaba. Pero no eran *su* cabeza, *sus* uñas o *su* vientre, porque él ya no tenía una conciencia unitaria que le permitiera centralizar y coordinar sus diversas impresiones. Estaba en la cabeza, y en las uñas, y en el vientre como en otros tantos centros sensibles independientes unos de los otros.

Había una cabeza, y esta cabeza se sentía a sí misma pesada, caída, separada del cuerpo. Había unas uñas, y estas uñas sabían de su propia proliferación, y nada que no fuera uña podía saber de ella. Había un vientre que, al hincharse, se hacía blando y líquido, pero esta blandura y esta licuefacción no trascendían de él.

Ya no existía como hombre sino como una pluralidad de territorios sensibles, aislados y autónomos, cuya extensión variaba con cada sensación. Si, por ejemplo, la cabeza pesaba y los labios tumefactos se abultaban, esto no significaba que los labios que se abultaban estuvieran en la cabeza que pesaba. Cada impresión-sensación configuraba su propia entidad, aquella a que únicamente pertenecía.

Resistía. Se resistía. Se negaba a morir. Sus mandíbulas se apretaban. Sus ojos se hundían. Todo su cuerpo pro-

---

arriba. A Amparitxu «Exploto en tu amor cantando / me crezco muriendo en ti».

ducía la impresión de un encogimiento y una contracción. Había hecho alrededor suyo el vacío —el vacío que la naturaleza aborrece pero que él necesitaba para subsistir inviolado— y una atmósfera de frígida ausencia le envolvía. Era un cadáver, sólo un cadáver. Un cuerpo encerrado en sí mismo, que ni veía, ni oía, ni recibía impresión alguna del mundo exterior, y que si se resistía aún al proceso de descomposición era porque también éste hubiera sido un modo de abrirse.

El frío, el terrible frío de lo inorgánico, le paralizaba. La rigidez cadavérica, muy avanzada, le agarrotaba. Sus dos manos cruzadas sobre el pecho, apretadas una a otra, pálidas, enormes, formaban una sola cosa maciza, un rabioso entresijo de dedos imposible de deshacer. Todo él era una cosa. Y pesaba, como suelen pesar los cadáveres, con un peso mayor que el puramente físico.

¡Qué absoluta soledad! No. No la del hombre, siempre abierto a lo que no es él por muy solo que se sienta, sino la de las cosas que si acercamos una a otra chocan duras, secas, tiesas, ignorándose. Y así estaba él, cerrado en la rigidez de su propia estructura, helado de silencio.

Tuvo la impresión de que caía; pero no en el espacio, sino fuera de él, fuera del mundo. Atravesaba duraciones infinitas, pero duraciones que no tenían contenido ni historia y que hubiera sido imposible calificar o datar. El tiempo no existía. Lo instantáneo equivalía a lo inacabable y el vértigo que experimentaba era precisamente el de su quietud, su absoluta e inhumana quietud: La de las cosas que no son pero están y disfrutan por eso de una misteriosa y especialísima realidad.

Se había sumido en la condición de cosa, y como corresponde a tal condición había perdido la facultad de entrar en contacto con lo que le rodeaba. De ahí su vértigo. Se sentía absoluto, sin contornos, sin asideros, tan increíble y a la vez tan real como esos objetos que traemos y llevamos de un lado a otro como si sólo fueran objetos puestos a nuestra disposición, pero que en su núcleo permanecen irreduciblemente desnudos, tremendamente mudos, dando patencia de un mundo hostil al de la naturaleza, vagamente anunciado por los artefactos de los hombres y hostil a la subsunción en la vida del alma pánica.

Las consecuencias de su monstruosa inmovilidad fueron inmediatas: El espacio le devoraba; crecía sin medida alrededor suyo. No era lo que solemos llamar espacio sino un movimiento expansivo sin arriba ni abajo, ni delante o detrás: Un vértigo que se ensanchaba automáticamente y que, al ensancharse, sorbía sus límites.

Aunque su cuerpo seguía ocupando un lugar, no se sentía en el lugar que ocupaba. Al anular su conciencia para subsistir, totalmente exteriorizado, en su endurecida cerrazón de cosa, había perdido el centro de referencia que permite a los hombres situarse en el mundo y no ser mundo. Ya no estaba ni aquí, ni allá; estaba en todas partes o no estaba en ninguna: El espacio se había convertido en un éxtasis, le sacaba de sí mismo, le sumía en la velocidad inmóvil de un torbellino impalpable que giraba y giraba, idéntico a sí mismo, expandiéndose a la vez que hacía furiosamente el vacío a su alrededor.

El espacio, el puro espacio vertiginosamente vacío, aniquilaba la consistencia de la cosa-cadáver en que se había fijado el Impar. Era un efecto puramente mecánico: La tendencia del mundo físico a la uniformidad y al cero que combaten las criaturas vivas con un esfuerzo continuamente renovado, y con un sentido de ser algo diferente de su medio, arrastraba irremediablemente a las cosas hacia la nada, hacia su propia nada. Porque detenerse es ya desaparecer: Hundirse en el vórtice de la inercia y en la indistinción y el aturdimiento de la completa extinción.

Descentrado, perdido, el Impar huye en todas direcciones. No sabe dónde meterse. No tiene dónde meterse. Él mismo es puro espacio, tiniebla inconsistente, ilimitado vacío. La oscuridad traspasa su piel, le come. No es algo envolvente como la claridad, sino mordiente. No es una simple ausencia de luz sino una radiación positiva y penetrante que roe sus límites. Está más aquí y más allá; dentro y a la vez fuera de su cuerpo; perdido en un mundo inhóspito y extraño en el que no cabe apuntar una dirección o mantener enhiesto un objeto independiente.

Es el dominio del sol negro.

Ya no hay defensa posible. La terca contracción sobre sí mismo con que el cadáver había querido estatuirse en cosa terminada y fija, cede a la imparcial tendencia hacia la uniformidad. Una sensación de inmaterialidad le dispara hacia vertiginosas lejanías. Ya no tiene cuerpo, ni número, ni peso, ni nombre, ni medida. Desaparece en la nada. Se hace sólo espacio, centelleo impalpable, esplendente tiniebla.

Era la negrura que se confunde con la más radiante claridad, o bien la luz que, de puro viva, ciega; el aniquilamiento de los límites y las referencias que organizan el caos primordial en el mundo de nuestra experiencia; lo absoluto; un agujero metiéndose en sí mismo; la oquedad que responde con un eco, mucho más turbador que el silencio, a nuestras delirantes preguntas y nuestros locos esfuerzos. No la paz; nada. No la nada, lo infinito; no lo infinito, la muerte: Lo que no tiene nombre [26].

---

[26] Con este parágrafo acababa *Lázaro calla*. Las últimas páginas son una transcripción elaborada de ese final con leves toques ilativos y alguna adición epifonemática. En consonancia con la imagen de Lázaro, el Impar resucita de la nada a la que el Par lo ha sometido, y como en *La buena vida,* resucita a una nueva realidad llena de luz, de animalidad y de gozo.

Todo parecía haber terminado cuando oyó una voz imperiosa que le llamaba por su nombre. Y su pene se irguió. Pues sentía el mandato de aquella voz como un tirón en sus órganos viriles. No comprendía que lo más alto viniera a manifestarse precisamente allí, en el punto de su vergüenza. Y, sin embargo, así era. Allí y sólo allí estaba la fuerza que le sobrepasaba. Su vocación vital y su nueva pubertad no eran dos cosas distintas. Su sexo era el sello de lo más alto en su carne: el órgano de su trascendencia. Y su más alto valor se confundía con la virilidad y la valentía que transforman el azar en destino.

El Resucitado sentía lo más alto físicamente, lo sentía con su cuerpo y con su sexo. Una experiencia mental hubiera resultado inoperante comparada con este trastorno fisiológico que, como aquel de su primera pubertad, le conmovía hasta sus fundamentos. Sus vísceras se contraían, sus músculos se agarrotaban, y de pronto, como una inmensa relajación, algo fluido y viscoso inundaba sus entrañas. Todas sus corrientes orgánicas habían quedado modificadas. Una nueva vida fisiológica empezaba en él como si hasta entonces sólo hubiera sido un parásito de su madre que, aún después de cortado el cordón umbilical, siguiera extrayendo de ella su vida; una vida casi fetal. Sólo ahora, con su pubertad cumplida, se hacía independiente, nacía de sí mismo y de la cópula mortal, hijo de sus propios órganos genitales. Algo irradiaba desde ellos y ascendía dentro de su cuerpo como una marea. Hasta sus últimas células estaban ahora impregnadas de vida sexual. Y esta nueva vida de independencia, de libertad, de virilidad era una sensación, sólo una sensación física, no un estado psíquico, ni una idea directriz, sino algo más sagrado y más terrible, puramente corpóreo: La raíz animal de la trascendencia.

El Par se llama ahora Mayí [27]. Y el Resucitado la contempla con reconocimiento. Porque juntos han desafiado el horror sagrado de la noche y juntos han renacido. La cópula animal no tiene otro secreto: es combate y es también amor, es destrucción y es a la vez nacimiento, síntesis de los opuestos que intuimos lograda en el éxtasis del placer. ¿No es acaso el coito algo más que goce y fecundación? ¿No es también condición para la plena realización del hombre y de la mujer? ¿No han de nacer —o renacer— el uno del otro? ¿Qué sabemos de las consecuencias de la unión carnal salvo las secundarias de la prole? Quizá ponga en juego manifestaciones fisiológicas de desarrollo que, sin ese acto, no se manifestarían. Un hombre virgen no es un varón. Una virgen no es una mujer. Sólo del coito nacen varón y mujer.

Ahora todo lo ve con los ojos de Mayí; y ella con los de él.

Han abierto la ventana de par en par, y allí está el azul —el gran azul de los dioses reales—, el mar vivificante, la risa del Par, el escándalo del día, la gloria intrascendente, la perpetua juventud del mundo. Hay que abrir, abrirlo todo. Abrir el ahora o nunca. No existe otro milagro que el de lo inmediato. Matemos lo consabido. Hay que acabar con las cerrazones y los agarrotamientos. Lo real es fabuloso y está siempre empezando. Descubramos lo sorprendente que es el presente, sin más, eterno. Cada instante es un acontecimiento propuesto de una vez para siempre; cada objeto, un prodigio. De pronto, aunque nada cambie, las cosas parecen iluminadas por

---

[27] Mayí: María, en euskera. Nueva transformación del Par, que es María, hermana de Marta de *Lázaro calla* y *La buena vida*. En esta última obra ya se nombra así. Es la encarnación positiva del Par, fruto y síntesis de la lucha de contrarios de todo el capítulo. Con ella —y no será difícil pensar en el trasunto de la existencia real de Rafael Mújica, es decir, en Amparo Gastón— estrena una nueva vida. Son los tiempos de Juan de Leceta y *Tranquilamente hablando* y *Las cosas como son*. En esta última con la transfiguración en Carmen.

un fulgor interior; los colores son más intensos; los perfiles, más nítidos. Es la luz de origen que nos permite percibirlo todo como si estuviéramos estrenando la vida. ¡Es tan fácil y tan maravilloso! Descubrimos que el nombre de nuestro deseo es tan sencillo que nos parece increíble.

No hay que temer la muerte. Vivir no es seguir y seguir sino resucitar una y mil veces. Si no vivimos renaciendo, y para ello es preciso empezar por hundirse en las sombras, sólo subsistiremos como muertos en vida. Esta es la Buena Nueva del Resucitado: La muerte aceptada me da un más de vida; la vida seguida me hunde en mi muerte.

¿Qué es la vida sino una serie inacabable de muertes y resurrecciones? Muero cuando amo con todo mi cuerpo y entrego las células de mi plasma germinal. Y resucito con Mayí transformado por el coito en un ser nuevo. Muero cada noche cuando mi conciencia se hunde en lo innominado. Y resucito al azul cada mañana cuando me despierto. Muero tres veces por minuto cuando expelo largamente el aire que llenaba mis pulmones y quedo flotando, vacío. Y resucito enseguida cuando un poco de aire inspirado vivifica el árbol de mis pulmones. Muero y resucito con cada pálpito de mi corazón. Y muero de otros mil modos. Y siempre que vuelvo redescubro el mundo como ya había dejado de verlo.

Ahora estoy en Mayí, como ella en mí, dominante y a la vez dominado, satisfecho con los límites de mi Par y mi mundo. Ella ya no se mueve en el mundo de la fascinación, el vértigo y los espejismos de la vida sexual. Ella me acompaña. Está en mí como yo en ella. Y entonces, sin exorbitancias, puedo volver al trabajo cotidiano. Porque los dioses de los Orígenes y de los Fines han muerto y ahora sólo reina la Necesidad.

IV

El más acá

Ahora Uno da en lo suyo: Está en lo que es, lleno de sí mismo, y aunque eso es poco, como él sabe mejor que nadie, la vida agolpada que le sube desde dentro le colma, por no decir aturde, con sus mil asistencias inmediatas. No es mucho. Pero por de pronto, eso basta, ciega, afirma. Basta como cuanto barre migajas ideológicas o sentimentales; basta como cuando Uno, después de una caminata agotadora a lo largo de la cual se planteó mil problemas desorbitados, se pone bajo la ducha fría, y el agua a chorros le cura de trascendentalismos. ¡Es tan sencillo! Uno redescubre su cuerpo tocado por mil dedos temblorosamente físicos y tentadores, y a la vez, ¿qué más? Porque hay alguna otra cosa que resuena y no es sencilla sino elemental, complicadamente elemental y no mental.

Uno deja atrás la magia, el juego de los cambios y las metáforas transportantes, y el «soy o no soy»; deja atrás las fábulas proyectivas, los saltos mortales en el vacío, los delirios de una primavera o una adolescencia exaltante, y el dilema de la vida es sueño o el sueño es teatro, y lo que se piensa sin querer, y lo que se ignora aunque está en nuestra entraña haciéndonos el que somos.

Siglos de cultura, o de deliquio [1], o de bobera juvenil y pedante nos arroparon en lo que ahora tratamos de sacudirnos de encima: El problema de la muerte, el problema de la libertad, el problema del mal, las mil y una noches problemáticas de la cultura occidental. Hasta que

---

[1] Deliquio: desmayo.

Uno se dice: Tengo que resolver esto —mi urgencia— como pueda. Porque si Dios existe, se oculta y manda así que vivamos como si no existiera, sin profetismos y sin renuncias, sin desesperadas esperanzas y a la vez sin dejaciones disolventes: Como somos, como podemos: Simples, tontos, sanos, simpáticamente esforzados, vivamente vivos [2].

Así el adolescente de ayer que se sentía embriagado de posibilidades maravillosas pero siempre en el aire, se convierte en el hombre hecho, limpio de polvo y paja, activo, decidido, positivo como la luz, libre como el aire, leal como la evidencia que no puede salir de sí misma. Y entonces acepta su condición y se dispone a cumplir lo debido en cuanto le es posible.

El despertador suena a las ocho. A las ocho y cinco ya estoy afeitado, aunque mal. Parar la sangre del inevitable rasguño me cuesta dos minutos no previstos, y esto me pone nervioso. Todos los días me corto, y todos los días me pongo nervioso. No obstante, a las ocho y trece ya estoy duchado; a las ocho y veintiuno, vestido; y a las ocho hache, veintidós eme y treinta y cinco segundos, ya me he metido dentro, de un trago, el jugo de naranja. ¡Listo!

Salgo para la fábrica [3]. Ciento ocho escalones primero y cinco mil setecientos veinte pasos después. Los tengo bien contados. Pero a pesar de que la fábrica está cerca y de que no desaprovecho ni un solo movimiento, llego tarde. Siempre llego tarde, aunque sólo un poco tarde.

Cuando paso por el Taller, los obreros se ponen a trabajar frenéticamente. Procuro no mirarles. Me aver-

---

[2] Todas las ideas de existencia simple, elemental, radiante, dominan por unos años en diferentes libros de Celaya. Sobre todo en los contenidos en *Los poemas de Juan de Leceta*.

[3] A partir de este párrafo y en los siguientes, las referencias a la propia existencia de Rafael Múgica, director gerente de la fábrica familiar de madera, se hacen más concretas. Sin embargo, éstas quedan rápidamente subsumidas para imponer el ritmo del trabajo que aliena. Las frases cortas y las onomatopeyas acentúan la monotonía buscada.

güenza que me tengan miedo. Hay entre ellos y yo una distancia que yo considero con melancolía, y ellos quizá con odio. ¿Cómo evitarlo? No ciertamente con paternalismos de buen patrón burgués.

Entro precipitadamente en mi despacho; abro el buró; paso la hoja del calendario; miro el reloj; pongo a mano la estilográfica; ojeo con fastidio las notas que ayer dejé pendientes. Hay que tomar decisiones antes de que, impalpablemente, empiece a caerme encima arena y más arena. Pero aún es temprano. El Correo tardará dos horas en llegar. Y el teléfono no empezará a rabiar hasta las diez. Así que salgo al Taller a ver qué pasa. Que siempre pasa algo. Porque eso de que las máquinas andan solas es un cuento.

Acude un Encargado de Sección en el que tengo gran confianza. Acude el Ingeniero Auxiliar, un Ingeniero jesuita del ICAI [4], en el que ya no tengo tanta confianza. ¿Qué ocurre realmente? Nada bueno. Trastornos.

Pido fichas, datos, cifras. Todo por escrito. Pero es sólo para ganar tiempo. Sé lo necesario y mi mesa está ya llena de papeles que me desespera estudiar: Informes, estadísticas, notas de costo, relaciones de esto o de lo otro, ofertas, presupuestos, números abstractos, y gritos, gritos humanos en forma de reclamaciones obreras. Todo esto resulta muy difícil de combinar porque no se trata de elementos de un mismo orden. ¿Qué hacer?

Meto la cabeza entre los puños. Y entonces, cuando no sé por dónde empezar y estoy a punto de mordisquearme las uñas como un niño mal educado, el teléfono se pone a rabiar con su erre que erre en la i. Y hay que decir que sí o que no, aunque Uno en realidad no quisiera decir nada, sino esperar, esperar un poco más todavía, bostezar, encender un pitillo, ¡qué sé yo!, pensar quizás. Pero llaman —ya llamaron ayer—, y algo hay que contestar. Y Uno contesta, efectivamente. Y el

---

[4] ICAI: Siglas del Instituto Católico de Artes e Industrias, institución docente de los jesuitas.

hacerlo, aunque sea a bulto, pacifica. Porque cuando Uno decide algo, sea lo que sea, olvida lo difícil que realmente sería fundamental resolver. Y así descansa. ¡Hay tantas maneras de ser perezoso! Los hombres de acción lo saben.

¿Cumplo lo que debo? Evidentemente no. Y este «no» es como un resonante golpe de pecho y como una conciencia de mi culpa. ¿De qué culpa? Atravieso el Taller; miro de reojo a los obreros, y sí, siento vergüenza. Entro en la Oficina, y no, aquí no siento vergüenza, sólo asco. Las máquinas de escribir hacen tiqui-tiqui-trin. Uno se abstrae de todo y sólo escucha eso: Tiqui-tiqui-tiqui-trin. Es perfecto, imparcial, ¡y tan cómico! De repente, Uno ya no puede más. Le bailan las tripas. Es como un calambre. Y empieza a reírse como un idiota: Tiqui-tiqui...

Corro a mi despacho para esconderme. Soy el señor Gerente. Soy un hombre respetable. O por lo menos, debo parecerlo. Pero en mi despacho siempre hay alguien que me espera. Entra —tiqui—; explica —tiqui— y me pide que decida —tiqui, tiqui—. ¿Por qué no decirle ¡trin!? Le digo cualquier cosa para que se vaya y me deje solo. Quiero llorar o reír. No sé bien. No sé nada. ¡Que me dejen solo! Si todo el mundo no está loco, debe ser que yo lo estoy. Y las probabilidades están en contra de mí. Me acuerdo de aquel loco que, agarrado a los hierros de su jaula, decía a los que venían a visitarle: ¡Qué pena me da veros encerrados detrás de esa verja!

Así no se va a ninguna parte salvo al cielo sin pupila que gira en el vacío algunos días milagrosamente azules. Cuando llueve, que es lo normal ante la ventana de mi despacho que da a un patio de descarga mancillado por la pata-araña de su puente grúa, o bien en el puerto de Pasajes, adonde tengo que ir cada dos por tres, con mi boina, mi gabardina y mi cartera cargada de inútiles papeles y contratos, para dar mi irremediable conformidad a unos mohosos cargamentos de madera de Guinea, surcada por terodos [5] gordos como el dedo más gordo, que todos vemos con asco salvo el Agente de los remitentes, me encojo y digo que sí, que bueno. Calculo cuánto habré perdido (o ganado, pues todo es relativo en estos negocios de exclusiva) con la puerca mercancía que me han mandado. Calculo sobre todo cuánto podré obtener todavía sobre lo que ya me han robado cuando haya transformado estos troncos en persianas enrollables para casas de lujo, que desde luego no durarán mucho. Lo que no hago nunca es rechazar el envío, aunque a veces es totalmente inservible. Si pusiera pegas, los siete monopolistas asociados que explotan las exportaciones de la Guinea española me pondrían el veto y me obligarían a comprar el material de segunda mano. Y esto sería todavía peor.

Algunas veces, para divertirme o dármelas de listo, hago el Puck [6] y me aprovecho traviesamente de las efímeras disconformidades que de vez en cuando se producen entre los siete exportadores de maderas de la Guinea. Pero, como es naturalmente económico, ellos siempre acaban por llegar a un acuerdo, y entonces yo tengo que pasar por el aro y hasta por ciertas vergüenzas. Por falta de suministro, por un simple, deliberado y material agotamiento disimulado con un «nos sobra madera, pero nos faltan barcos», o: «a última hora el Josiña se niega a recalar en Pasajes», me llaman al orden con la amenaza de paralizar mi fabricación por falta de materia prima. Pero, todo hay que decirlo: Son muy correctos; saben guardar las formas; comprenden los apuros de «su mejor cliente» y me ponen una conferencia urgente para decirme: «Hemos hecho gestiones para resolver sus dificultades. Podríamos fletar el "Manu" con setenta pesetas de aumento en tonelada. ¿Conforme? Llegará ahí dentro de dos meses.»

¡Dos meses! Y mis máquinas con madera para sólo

---

[5] Terodo: Gusano que agujerea la madera.
[6] Puck: Especie de diablo travieso.

dos días. ¡Y setenta pesetas en tonelada más que la competencia!

Cuando Uno tiene que decir a sus obreros: «Desde mañana, vacaciones; haremos cajas de embalaje para pasar el rato», siente cierta vergüenza. Porque malo es, desde el punto de vista de la empresa, pagar sueldos de Oficial de Primera por lo que podría hacer un Aprendiz, pero hay algo peor: La desmoralización y hasta indignación que produce en los obreros el verse reducidos a un trabajo que está por debajo de su categoría. Hay una cuestión de honor —una maravillosa y dignísima cuestión de honor— que ni la facilidad de la labor que Uno titula «vacaciones», ni el que el obrero se sienta a salvo del despido inmediato, disimula. Sólo cuando los obreros trabajan en lo suyo y tienen conciencia por eso de que sirven para algo hasta su límite, se sienten justificados y, por decirlo así, salvados.

Pero, ¿qué hacer? [7] Podía Uno hacer más de lo que ha hecho? Sí, siempre se puede más aunque Uno no sepa exactamente qué debía haber hecho. Y entonces, me siento otra vez turbado y como en falta: Fijado por el Ojo mayúsculo y redondo que está en todos y no es nadie: Obligado a pensar en qué radican los errores fundamentales de este mal funcionamiento, y en cómo podría atacarlos de raíz, no con paños calientes, sino combatiendo a fondo la situación.

Mis obreros malhumorados, contra mí; yo, furioso, contra algo impersonal que no entiendo. Desórdenes. Desánimo. Después de los esfuerzos que Uno hizo para dominar la vida a su alcance, esta irrisión y esta tremenda sensación de fracaso.

Lo absurdo —lo que no tiene sentido humano— acaba siempre por deglutirnos. El tiempo, por ejemplo, es

---

[7] En la empresa prometeica en la que el Uno se empeña, a veces Epimeteo —con sus dudas y vacilaciones— hace su irrupción. La correspondencia poética a estos párrafos es el poema «A Andrés Basterra» de *Las cartas boca arriba*.

absurdo. Dos meses sin madera de Guinea: Sesenta días vacíos por delante. ¡El tiempo! A veces me parece que no vale la pena hacer nada y entro así en el vértice del nihilismo; otras veces, tengo tantos proyectos y me siento tan lleno de germinantes invenciones que, por exceso, acabo también desanimándome o desalmándome. No tendré tiempo para realizar todo lo que imagino.

Por más o menos no tengo un tiempo a mi medida. El tiempo y yo damos un resultado irracional. O el tiempo debe desaparecer (lo que sería mi inmortalidad) o yo debo desaparecer. Y heme aquí otra vez ante la lógica del suicidio. Porque no se trata de que haya perdido la esperanza, sino al revés, de que si vivo viviendo acabaré por concebir nuevas esperanzas. Y lo que necesito es salir de ese círculo vicioso.

Al llegar a este punto, todo se vuelve fábula metafísica: Personalísimo y grotesco planteamiento del ABC trascendental. Se piensa en la muerte, en la salvación transmundana, ¡qué sé yo! Uno trata de creer en su culpa porque eso es más fácil que hacerse cargo del error colectivo que pasa en filigrana por nuestro acaecer, y porque si Uno deja de creer en su culpa, evoca algo aún más horrible y se siente, no ya víctima de un Jehovah iracundo, sino juguete de unos dioses caprichosos e irresponsables, inocentes y quizá malos», pero sin maldad.

Irremediablemente malo es en apariencia tener que vivir, respirar, comer, matar, destruir, quemar, alimentarse, gastar, moverse, hostigar, hacerse valer contra todo y contra sí mismo en último término, hiriendo siempre. Pero por otra parte, ¿qué más inocente? ¿Cómo vivir de otro modo? Soy un hombre sano.

Con el hombre, la vida se hace consciente de sí misma. Pero ¿por qué consciente de su mal? ¿Por qué la conciencia con que Uno sabe de sí se opone a lo natural de la vida y a lo que irremediablemente somos? Es natural, y por eso justo, querer más, querer siempre otra cosa que aquello en que Uno está. No sólo el hombre sino también las criaturas que nos parecen más elementales aspiran a eso. Juegan a disfrazarse; odian cuanto les limita; se diría que quieren explotar hasta el infinito. Y si hay mal, este mal no puede radicar en esa aspiración sino quizá sólo en concebirla y vivirla de un modo agónico e individualista.

¡El Ojo me lo dice! ¡El Ojo me lo advierte! [8].

El Ojo está en mí. El Ojo está en todos. Está en cualquier parte y no está en ninguna. No soy yo ni eres tú. El Ojo no es nada. ¡Y sin embargo...! Cuando alguien me mira no es como si yo me mirara a mí mismo o como si él se mirara en mí. El Ojo mira. Está fuera y dentro. Es el Ojo invisible. Allí. Aquí. Siempre cambiante y siempre igual. ¡El Ojo visto y no visto!

Cuando algo me duele no es como si tuviera una conciencia personal de mi culpa, porque no hay culpa. Siento, sí, pero transindividualmente. No como si hubiera un misterioso ente al que pudiera llamar conciencia colectiva sino siempre muy concretamente, en virtud de una circunstancia determinada, como un contacto entre ese yo del otro cualquiera y este yo mío que en el acto del encuentro dan lugar a algo que ni él por sí, ni yo por mí hubiéramos hallado a solas.

Cada vez me parece más necesario dar de lado mi vida íntima, siempre fervorosamente espumajeante de miserias, de arrepentimientos, de penas idiotas, de pecados sin remedio y de exaltaciones momentáneas. Es el trabajo, la obra objetiva que Uno trata de realizar sea como sea, contribuyendo en la medida de sus fuerzas a la gloria colectiva de lo humano, lo que realmente vale. El resto —substrato, humus, dolor cargado, vida vegetativa, laboración paciente de las disparatadas semillas y de las impúdicas raíces que crecen moral o inmoralmente— es un secreto personal que más vale no

---

[8] El mito del Ojo como conciencia colectiva aparece aquí como solución a las dudas personales. Para esta imagen recurrente, vid. prólogo a *Lo demás es silencio*.

pensar, y que por otra parte se expresa sin decirse en cuanto realizamos. Quiero atenerme por tanto a los proyectos reales que tengo en marcha más que a las nebulosas delicuescencias de mi vida atribulada. Por eso pienso en el Ojo: En la realidad del Ojo en que todos coincidimos.

El Ojo es como la anticipación de un estado de conciencia, ni subjetivo ni impersonal, que presentimos como conciencia social y que, en un futuro inmediato, está llamado a ser natural, y hasta a modificar nuestra psicofisiología. Entonces, nadie podrá pensar si no es como hoy pensamos algunos locos y algunos ingenuos. Entonces, nadie llamará moral a lo que será tan espontáneo como un reflejo. Entonces parecerá evidente que transformar el mundo y cambiar la conciencia son dos términos implicados en una misma dialéctica de lo real.

¡El Ojo! ¡Este dolor o esta llaga! ¡Esta luz! El Ojo que está dentro y fuera. Lo que nos ve sin sabernos. El Ojo que está en todos y no es nadie. El Ojo con que miro y no es mi ojo. El rayo ignorado que me traspasa si alguien me mira. Una luz rápida y vacía. Lo intocable. El Ojo y el Terror. El Ojo y la exigencia. El Ojo que me pone de pie ante el cero de la claridad. El Ojo recto. El furor del Ojo. Lo que arde dentro y a la vez me señala ferozmente desde fuera: La evidencia.

¡El Ojo! ¡Sólo un Ojo! No esa mirada binolular en la que hay humanidad, como se dice, doble punto de vista, consideración conjunta y hasta un poco de saludable ironía. No. La mirada exclusiva del Ojo único y sin bromas que es penetrante y ciego; parece estúpida, inflexible, casi inhumana, no parpadea, clava inmutable, perfora, no perdona. Es la mirada ante la que no hay relieve, ni perspectiva, ni guiño, ni juego.

El Ojo permanece igual a sí mismo en todas partes. Y todos estamos en él, penetrados, y no podemos escapar, ni cambiar. El Ojo nos tiene en lo suyo: En la mirada que nos parece rara, y hasta inhumana, porque no parpadea. Es la luz: La luz sin más: Nuestra propia e impensable luz.

¡Tener Ojo! ¡Existir! Sólo cuando el Ojo, dador de vida, me mira, salgo de mi remetida soledad y descubro el mundo. Fuera del Ojo no soy nada. Sólo un fantasma o un introvertido.

Mi luz es el Ojo. Cuando me fija desde fuera o desde dentro vivo de los otros y en los otros, vivo con los otros, salgo de mí, descubro una conciencia que no es conciencia del yo sino conciencia sin más.

Fuera del Ojo, desaparezco. Porque a solas no existo, no me siento existir de verdad. Sólo cuando estoy con otros, vivo, me sé, no en mí mismo sino en la luz del Ojo. Y sé del otro en cuanto soy a mi vez Ojo suyo. Estar solo es dormir: Cerrar el Ojo, hundirse en lo onírico y lo subjetivo: Pensar. Tener Ojo es crecer, expandirse, vivir fuera de sí.

El Ojo no es conciencia colectiva pero sí conciencia de que sólo existimos para los otros, de los otros y en los otros. El Ojo es lo invisible que nos ve. Se abre como los labios de una herida que quisieran ser párpados. Porque el Ojo en realidad no ve. No es nada. Vemos a su través como si no existiera. Y en realidad, no existe aún.

Es la luz transpersonalmente loca: La paz como un delirio. No lo que todos quieren, reconociendo lo dado, sino el invento de lo que tiene que ser: Un ardor: El órgano aún no hecho pero ya pespunteado de una nueva conciencia más allá de lo que hoy el yo llama tal: La evidencia de que no existimos por nosotros mismos y de que esencialmente sólo somos en relación a otros, es decir, inexistentes por nosotros mismos.

El Ojo está en todos y no es nadie. El Ojo, cuando varios hombres se encuentran, puede imponer a todos ellos lo que ninguno había pensado ni quería. El Ojo manda. El Ojo no es metafísico ni misterioso. El Ojo actúa de un modo físico e inmediato. El Ojo es la ley del más acá humano. No mata el yo pero muestra de hecho que el individuo a solas no existe realmente.

El Ojo no es el prójimo. Es el otro y no es el otro. Un tembloteo luminoso. No soy yo y a la vez soy yo renacido. El Ojo es la mirada. Y el nadie es nadie [9]. Y el todos somos todos. No una generalización sino lo absolutamente concreto y real: El hecho humano del que no podemos salir: La evidencia de que cuanto personalmente considerado nos parece una culpa o un pecado inmemorial sólo es un error que, actuando conjunta y socialmente, podemos corregir con nuestros actos concretos. Es decir, antimetafísicamente.

El Ojo apunta dentro de mí a un hombre que todavía sólo soy a medias. Es el hombre prometeico, limpio, sexual, positivo, radiante. Pero el pasado sobrevive tercamente: ¡Mitologías, metafísicas, problemas de conciencia, cálculos en vacío, visiones fulminantes, pasiones, dioses, inútiles exactitudes, realidades ambiguas, caballos, tormentas o un poema, nubes como si nada, detalles sorprendentes, la luna bajo el agua, el sol entre dos dientes, las máquinas, el dedo que nos muerde una adorable muchacha, y el amor a lo largo de un río suspirado, y el dolor con su estrella limada por las piedras, todo dentro, invertido, como en un juego de espejos, y pese a cuanto creo, no resuelto del todo!

Epimeteo vive en mí como yo vivo el pasado. Lo veo en mí como veo en la calle al hombre paleolítico que va al cine o conduce un automóvil. Lo veo como si realmente perteneciera a mi tiempo. Pero yo sé su nombre: Epimeteo, simio de Prometeo.

---

[9] Sobre la razón del ser y del obrar colectivo puede verse el prólogo titulado así a *Paz y concierto* (1953). En general, el tema de «ser en los otros» domina todo el libro y es el paso inmediato a la poesía más comprometida de Gabriel Celaya. Cfr. «Los hombres uno a uno son nadie» (*Lo demás es silencio*).

Estoy solo: ¡Cuántos castillos en la arena! Hago como que pienso. Soy un poco epimeteico todavía. ¿No lo somos todos? («Piense usted en Dios. Piense usted en la muerte. Si va usted a morirse —¿o es que duda de eso?— ¿por qué hace algo en lugar de no hacer nada? ¡No se mueva! ¡Quieto! Antes de volver a respirar, piense bien el peligro. Ese gesto... ¡Cuidado! Va a salir el pajarito. Voy a hacerle una foto que pasará a la eternidad, etc.»)

Sin embargo, cuanto hacemos, por minúsculo que parezca, provoca alteraciones irrevocables en el curso de lo existente. Si sonrío, insinúo una curva que se prolonga hasta el infinito. Si lloro, en algún cóncavo y recogido lugar virgíneo se depositan mis lágrimas preciosas. Si pienso, otros seguirán pensando lo que en mí amaneció más allá del espanto que a mí me produce el vértigo de mi pensar. Si me emociono, contagio. Si alzo la mano para decir: «basta», provoco al margen de mi declarada intención un paradójico movimiento de aire que se prolonga, influencia, puede llegar —comprendido o no comprendido, pero siempre actuante— a los más lejanos rincones.

Lo total vive por sí mismo; nos recorre, burlándonos; se empeña en durar sin contar con sus agentes. No sólo va adonde no podemos seguirlo. Viene, además, trabajado por mil influencias de que no tenemos conciencia. Nos explota. Nos convierte en un lugar de paso. Sin darnos cuenta, obedecemos a quienes ya no existen. Creyendo que tal es nuestra voluntad, nos orientamos según un magnético y transpersonal futuro. Y así todo —quien fue, quien será, quien es a nuestro lado— resuena en Uno, en el Uno instantáneo y lírico que en su minuto —ese minuto cuanto más fulgurante por breve, más parecido a la eternidad— provisionalmente se resuelve.

El Ojo sigue fijo en mí. No. Yo no soy yo. No soy sólo eso que llamo mi yo. Todos vivimos unos por otros, unos con otros, todos para un conjunto que se nos escapa entre los dedos cuando cerramos la mano tratando de apresarlo; nadie para sí mismo, pues cuando se mete en su soledad, se siente más que nunca habitado por presencias que son suyas mas no son él. ¿Hay que denunciarlo? El yo no existe. El yo es un encantamiento: Un aparato fácilmente manejable al que todos nuestros muertos recurren para ser de algún modo: un sistema tan milagrosa y provisionalmente oscilante que un cambio atmosférico, una palabra que nos dicen en voz baja, una emoción, una droga —quizá una película de actualidad, seguramente mala, pero siempre impresionante— alteran hasta extremos imprevisibles. Y, sin embargo, aunque Uno no es nada, debe responder de todo: Del mundo entero y de todos los hombres secreta o patentemente latentes que fueron y han de venir, son ya en nosotros coleando o germinando. Porque todo —lo vivo y lo muerto, lo animado y lo inanimado, lo alto y lo bajo, lo futuro o fuera del tiempo y lo precisamente efímero expuesto como un escándalo en los escaparates de lo instantáneo —está buscando en cada uno de nosotros su salvación, y está así haciéndonos ser como somos más de lo que sabemos, ser anteriores a nuestra Historia y a nuestra conciencia, ser sin consecuencia previsible lo que cambiando hace como que se repite pero es una invención permanente, ser por archiviejos o archinuevos más allá de nosotros mismos.

El Ojo sigue fijo en mí y denuncia mi ser epimeteico. El Ojo brilla como Prometeo contra las simulaciones del simio.

Epimeteo brinca. Epimeteo gesticula. Epimeteo se va por las ramas, hace demagogia, y cuando aspaventa, da nuevos aires al panteísmo. Epimeteo no es más que un mono: el mono sabio que imita sin entender a Prometeo. ¡El Ojo le señala! ¡El Ojo le acusa!

Epimeteo vive dentro de cada uno de nosotros la adolescencia de la Humanidad: Es agónico, falsamente complicado, hereje cuanto más quiere ser verídico y, aunque da vergüenza decirlo, existencialista. Tropieza en sus propios pies. Suspira: ¡Ah! Y cuando dice: «¡ah!» dice del Dios imposible en que quiere creer. Y así me hunde: Trata de hundirme dando al revés las virtudes prometeicas que yo ensalzo: El sentido de mi finitud, sin espasmos, ni problematismos, ni angustias ante la nada; la necesidad, la sencillez, la alegría; lo práctico y luminosamente positivo; el esfuerzo bien calculado de cada día; lo sólidamente sencillo de la lealtad ante los hombres y de la terquedad ante las cosas siempre un poco inhóspitas; las soluciones concretas, provisionales quizá, pero soluciones por de pronto, que nos salvan de las proyecciones al infinito del apetito de expansión, y de la voluntad de dominio, y del cavernario afán de inmortalidad personal.

Como quien no dice nada, siempre dentro y a la vez fuera de mí, ahí está el Ojo. Y yo en mi trabajo.

Paso entre los obreros, y sí, siento vergüenza. Entro en la Oficina, y no, no siento vergüenza. ¿Por qué? Quisiera comprenderlo. ¿No son todos yo mismo? Epimeteo me acecha. Si me abandonara, podría disolverme en lágrimas: «¡Querido contable! ¡Querida mecanógrafa!» Resultaría muy democrático. Pero si le dijera o Oyarzábal: «¡Querido aserrador!», las cosas no serían tan fáciles, y aun suponiendo que él aceptara mi gesto, lo haría obligado y como quien se aguanta las ganas de escupirme.

Todos somos uno, es cierto. Pero hay que vivir esto dando de lado el espíritu de sacrificio, la caridad y la compasión. Todos somos uno como el Ojo advierte. Pero una cosa es vivir para los demás —como quien se permite el lujo de regalar algo, su yo por lo menos—, y otra cosa muy distinta es advertir que uno vive realmente en los demás y para los demás: Recibiendo tanto como dando, no ofendiendo con una generosidad de pudientes que se rebaja, sino agradeciendo lo que realmente hay que agradecer. ¿Qué seríamos si no fuera por los Oyarzábal?

Así pasan un día y otro día. Así todos o ninguno. ¿Y qué? Pedro enciende un cigarrillo, Diego, digo, dice:

«¡Bah!». Y yo, epimeteico, doy vueltas elípticas al dolor.

Estoy en mi despacho pensando inútilmente, sabia y etceterísimamente. ¿Qué hacer? Para no pensar, y aunque no es muy correcto en un señor Gerente, me siento en el alféizar de la ventana. Porque hoy el cielo está azul: Sola, simple y tontamente azul: Elementalmente azul como mi risa chocando contra una nada que brilla escandalosa. ¿No es una provocación?

¡Que venga el Presidente del Consejo de Administración! ¡Que venga el Contable, y poniéndose serio, me mire como a un loco! ¡Que venga el importantísimo cliente que quiere comprarme esas pilas de madera! ¿Ofrece mil trescientas por metro cúbico? Pues se las doy por mil cien y adiós. No me pida explicaciones. ¿Ha visto el cielo? ¡Qué día! Parece que existe Dios.

De pronto, veo la solución: Tirar todo por la borda; romper a reír escandalosamente; meter una pedrada bien tirada en la ventana del Consejero Delegado, y escuchar desde abajo el estrépito primaveral de los cristales rotos. ¡A paseo todo! ¿Es que no ven los respetables la alegría de marzo que llama en sus ventanas? ¿Por qué están tan serios? ¿Qué les preocupa? Yo me he escapado de mi despacho y de pronto todo me parece fácil. ¿No estarán tomando el rábano por las hojas los que siguen serios? El negocio es el negocio. Sí, claro. Pero lo importante es la vida y no el medio de vivir. Lo verdaderamente importante no es serio; ni siquiera es un poco razonable. ¿No lo ven? ¡Parece tan evidente cuando uno abre la ventana y respira el aire libre a pleno pulmón!

Uno está vivo o no lo está; eso es todo. Y si Uno está vivo pide más vida. Es lo menos lógico que pueda imaginarse: Una petición de principio. Porque la vida se pide a sí misma y sólo quiere ser vivida sin por qué ni para qué, y aun contra todo por qué y todo para qué.

Salgo de la fábrica. Lo rompo todo. Lo tiro todo. Sacudo la esclavitud de mis estúpidas obligaciones (tal hora, tal; tal día, fiesta; tal eso, cuerno). De repente todo lo veo como es: absurdo, fabuloso, divertidísimo. Se estrena el sol. Se estrena la dicha. El mundo parece nuevo.

Uno se sacude el polvo y se sacude las pulgas como un perro vagabundo. Y es feliz, feliz de verdad. Se calienta en el rinconcillo con sol donde se apelotonan los viejecitos o, cara al Noroeste, va por la calle azotada con gaviotas rasantes que desemboca rectamente en el rompeolas. Todo es total, inmediato, furioso y simple como la gloria que un pálpito pone en alto. Nada importan las dificultades económicas que a Uno pueda ocasionarle el haber perdido su puesto de trabajo. Uno es feliz, feliz contra todo, feliz como quien acaba de nacer en las orillas del mar de los orígenes.

Estoy perdido. Estoy loco. Todos los bien pensantes de mi ciudad se hacen lenguas diciendo que estoy desaprovechando mis magníficas oportunidades de hijo de familia. ¡Yo, un hombre tan bien situado! Pero ¿qué saben ellos de mi jubiloso hallazgo? Todo es sencillo y luminoso; todo es tonto y a la vez extraordinario; todo, en cuanto es, por ser sólo lo que es, me lleva al paraíso de la hermosa realidad.

Toco la evidencia; respiro lo simple; vivo la dicha; veo lo que no creo; sigo a ciegas la orientación del Centro magnético. Aunque no lo entienda del todo, la brújula del Ojo me señala por de pronto algo fácil: La alegría: La conciencia de que todo está aquí, resplandece aquí, me besa aquí, y tiene un adorable nombre de muchacha que aquí, siempre aquí, es táctil como una demora o fresca como un agua de oasis tras el desierto de los deseos y sus espejismos.

Uno es feliz: Besa. Uno es cínico: Vive. Proclama lo inmediato, descara la evidencia. Habla según su amor: Piensa que todo es nuevo. Las canciones de moda le parecen bonitas y por las noches bebe más que de costumbre. Lee a Bécquer, muy divertido, y es dichoso a su modo: Dichoso contra todas las costumbres y aun contra todas las leyes: ¡Un escándalo!

Más acá, más acá, Uno busca la evidencia sin vuelta. Y de pronto, en el más que más acá topa con lo absolutamente extraño.

Quiero celebrar mi dicha y levanto mi vaso como quien brinda a los Invisibles. Pero de repente me quedo mirando ese vaso como si fuera algo raro. ¿Por qué existe lo que existe en lugar de no existir? Así dicen los sabihondos, y por mucho que Uno se ría de las pedanterías, eso da que pensar. Aflojo los dedos y, ¡zas!, el vaso se estrella en el suelo, desaparece. Es natural, claro. Pero a la vez, ¿no es algo extraño? Me quedo como tonto, pensando.

Cojo el cenicero. Lo miro bien. Lo pienso. Peso su peso, Cierro los ojos, abro la mano, y ¡zas!, ya no hay cenicero.

Entonces me ataca una especie de furia destructora: Arranco las cortinas, pataleo las sillas, escupo los cristales. Es muy raro. Confieso que todo me parece francamente raro. Yo no soy yo. Nada existe. Brillo desorbitado. Todo es posible. Nada es necesario. Me contemplo a mí mismo desde fuera. No pienso. ¿Qué me limita? ¡El Cero tranquilamente inmenso!

Estoy fuera del mundo, paseando. Lo más sencillo es lo más sorprendente. Yo, por ejemplo, me miro, me saludo a mí mismo como si fuera otro, no me entiendo. Me creo en cierto modo (porque soy el que soy, está claro), mas a veces yo no soy yo sino una luz que traspasa mi materia y mi conciencia. No sé cómo explicarlo. Podría decir: Estoy solo en el mundo. Y eso sería todo si se entendiera en verdad lo que es la soledad absoluta.

Estoy donde nada debería existir. Y sin embargo, yo existo [10]. Y soy absurdamente feliz por eso: Terrible y felicísimo como un dios arcaico y cruel.

---

[10] Esta afirmación del existir simple sin trascendencias es el fiel reflejo del tono común a Blas de Otero, que anima la mayoría de los poemas de *Cartas boca arriba.* Cfr. «Amigo Blas de Otero: Porque sé que tú existes / y porque el mundo existe y yo también existo.»

Feliz, según se habla, quizá no sea la palabra adecuada para definir mi estado. Y terrible, tampoco. ¿Cómo decir?, me siento remoto y a la vez directamente destructor de cuanto amo. Me siento ante mí mismo un loco luminoso: un ogro numinoso. Soy un dios; soy un monstruo; soy un yo que se mira a sí mismo hasta el vértigo. Tengo plumas y ríos. Vivo de ser dichoso y de volver mi espalda terminante al Gran Ojo. Vivo, si eso es vivir, en la nada que se sabe a sí misma nada: En la locura: En la luz absoluta.

Vuelvo de la muerte como Lázaro. Mi cinismo es sagrado; mi materialismo, difícil.

No soy feliz. Soy algo más que feliz. Rompí todas las ataduras. Advertí que el mundo era igual y a la vez distinto de lo que parecía. ¡El mundo! Mudo y bello, ahí está como antes de mi muerte, como antes del golpe de conciencia con que rompí lo inerte. Si ando como ando, me siento distante, remoto, de otro lugar u otro tiempo. Si hablo según hablo, oigo mis propias palabras como si no fueran mías. No soy un resucitado aunque a veces lo parezca. Sigo siendo un muerto que repite sonambúlicamente lo que otros —¿quiénes?— le dictaron. Floto. Transmito telegramas con clave. Sonrío. No me importa nada. No entiendo nada. Lo miro todo desde fuera —¿desde dónde?—, desde muy lejos.

Pienso en mi estado, en mi lejanía, en mi indiferencia. Pienso en mi muerte. Y es claro que no pensaría en eso si no me sintiera solo. Pero pienso. Luego, ¿existo? No. Al revés. Porque yo no soy yo. Y ésta es la cuestión. No me basto a mí mismo. Me siento fuera de mí, en el Ojo, extrañamente indiferente, rabiosamente insoluble. Pues no se trata de que panteísticamente pueda fundirme en el Todo, o sentir el Todo en lo que yo soy, sino de algo mucho más concreto. ¡Me falta un centro!

¡Más concreto! Sí, aquí; sí, ahora; no en un aquí puntual o en un ahora instantáneo sino en una ineludible situación histórico-social, veo. Es elemental pero en cuanto me pongo a pensarlo, todo me parece nuevo. No «soy, soy» en absoluto. Soy el hijo de unos papás burgueses que hicieron pingües negocios en la guerra del 14; soy el muchacho que se educó en buenos Colegios y viajó por el extranjero sin caer en la cuenta de que eso era un privilegio; soy un señoritísimo Ingeniero Industrial; soy el jovenzuelo que, para más fastidiar, jugó al surrealismo y al trostkismo; soy, después de todo eso... ¿qué? [11].

Ahora veo mi situación, mi clase, mi dependencia. Veo el hilo rojo que a través de mi tejer y destejer colores y actitudes, dura y me determina. Veo en el fondo de mis inflacciones sentimentales y de mis cambiantes aparatos ideológicos, lo que realmente da lugar a todo lo que parecía simpática inquietud de adolescente, hermosa aunque desacordada violencia de joven, conciencia existencial del hombre supuestamente auténtico, asco, furia o nihilismo, agonía religiosa, voluntad de alzarse contra todo o de conformarse con nada. Y salvándose de tales confusiones, veo el hilo de Ariadna.

Aunque todo me parece trabado y confuso, advierto cómo entre todas las relaciones que me han hecho el que soy, «las económicas, pese a que sufren la acción de todas las otras relaciones, políticas e ideológicas, son, en último análisis, las relaciones decisivas y constituyen, por decirlo así, el hilo rojo [12] que atraviesa toda la Historia —como atraviesa mi vida— y sirve de guía a aquellos que quieren comprenderla».

¡Qué gran lección, maestro Engels! Para mí fue deci-

---

[11] Recapitulación tras la liberación del trabajo alienante de la fábrica. Planteada, eso sí, de modo epimeteico, es decir, afirmando un yo en el que no se cree y al que sólo el Ojo da consistencia.

[12] El hilo rojo: Mediante la cita de Engels se alude a la concreación del compromiso político tras los anteriores «cambiantes aparatos ideológicos» o metamorfosis. Corresponde en la peripecia personal del autor a su militancia en el Partido Comunista de España, y a libros como *Cantos iberos* y *El derecho y el revés*. Así se titula una reciente compilación (Ed. Visor, 1973) de su poesía de tono civil.

siva. Vi que era un burgués y, para más fastidiar, un intelectual: El archiburgués.

¡Burgués! ¡Qué mal suena! Ni los post-surrealistas, ni los bajo-existencialistas entre quienes me muevo, se creen burgueses. Y sin embargo, ¿no lo son hasta el límite?

Veo el hilo rojo en la poesía anárquica y en la poesía pura, en la novela tremendista y en la pintura abstracta, y en el experimentalismo, y en el teatro de cámara. Todo nuestro arte y nuestra literatura es burgués, doblemente burgués cuando no quiere parecerlo. ¿No lo será también cuanto yo hago? ¿No hay esperanza?

Entonces, pienso en lo que creo: En lo que miles de intelectuales y escritores han hecho patente: En la posibilidad de saltar por encima de nuestra condición de origen para ser quienes somos, con toda verdad, en una conciencia organizada [13] que no es ni individualista ni panteísta.

El Ojo no es una luz ciega. El Ojo estructura. Sabe por todos. Pone las cosas en su punto. Crea conciencia y anticipa el hecho de un organismo todavía impensable, tan distinto de nuestro cuerpo como éste lo es de la célula. No unirá nuestros yoes en un sistema cerrado como hace nuestro aparato de animales verticales y conscientes con sus elementos. Pero de algún modo firme, y hoy todavía sólo tanteado, reunirá lo disperso. Porque las posibilidades de la conciencia son infinitas. Y el yo, aunque se disfrace de personalidad, no es más que un callejón sin salida.

He perdido la conciencia de mi yo. Sólo cuando algo ferozmente hiriente me toca, resucita en mí ese antiguo estado de conciencia aún no corregido y todavía orgánicamente indefenso que llamamos yo.

---

[13] El concepto de Ojo cristaliza en una nueva forma de conciencia: la conciencia social, tal como Marx la explica en su *Crítica de la economía política*. A través de ese Ojo, Celaya encuentra su razón de ser en el cuerpo colectivo del que se siente una célula.

¡Yo! ¡Mi yo! Eso dura, como dura todo lo arcaico, aunque cada vez se me va volviendo más impensable. Lo que ya no existe evidentemente es la personalidad. El Ojo se la ha comido. El Ojo me ha puesto en mi lugar y me ha hecho sentir mi dependencia.

¡Personalidad! Cuanto más pienso, menos entiendo qué quiere decir eso. Quizá sea porque no me interesa.

El Ojo me fascina. ¡El Ojo es mi futuro! La personalidad... ¡bah! Es como si mi imagen estuviera mirándome desde el espejo. No quiero pensarlo. Se empieza con la autosuficiencia y se acaba en la locura.

El Ojo me pone en mi sitio. El Ojo me ve y me hace ver lo que puedo y lo que debo. Pienso en los obreros de aquella fábrica en donde trabajé y a la que un buen día volví la espalda para —¡da vergüenza decirlo!— dedicarme a escribir versos. Así perdí el contacto con la vida real; así me declaré impotente ante los dolores crudos de quienes venían a pedirme ayuda; así, creyendo que me ponía por encima de todo, me refugié en la comodidad de mi casita de poeta.

¡Qué vergüenza!, me dice mi yo. Pero el Ojo me dice: «Hiciste bien. Este era tu lugar y esta era tu función. En realidad, aunque eso es poco, no servías para otra cosa. Lo que hace falta es que ahora cumplas y pagues lo que debes, salves lo que proyectaste, creciéndote.»

Veo, según el Ojo, el nuevo cuerpo colectivo, organizado y en marcha, con sus células vivas, sus miembros activos, su cerebro central, su verdad positiva, su línea vertebral, su ánimo común, su sistema operante y su indestructible realidad irradiando, y su progreso, y su generosa hermosura.

Esta fuerza no es mía aunque de ella vivo. Pero yo, en la medida en que tomo conciencia de esa fuerza, soy también una fuerza. Y entonces, más allá de lo que unos u otros quieren, se impone lo que es por sí mismo: Lo que va hacia adelante: Lo que sé, sin saber, según el Ojo. Porque la verdad no es algo preexistente que hayamos de descubrir. La verdad es lo que hacemos.

No hablo de un estado de alma, ni de una idea. Hablo de la existencia real: Del hecho actuante que no es ni subjetivo, ni objetivo, ni colectivo. Hablo del nuevo cuerpo humano en estado de nacimiento: Del órgano que en la acción se engendra a sí mismo, porque la función crea el órgano, yendo siempre a más. Hablo del conjunto concertado y operante en el que he ingresado. No es la masa; no es la unión ciega. Es el sistema de la máxima eficacia: La luz dirigida: La inteligencia de amor: El rítmico latido de todos los trabajadores: El honor y la claridad de ser hombre.

Voy delante y a la vez voy detrás de todos. Cuando digo «por aquí» es porque otros me han empujado por ahí y no porque yo pretenda señalar caminos. Y si a veces me extravío es porque me he olvidado de mirar hacia atrás por encima del hombro. Si el pueblo no me pisa los talones, yo teorizo: Me quedo solo; me olvido de que en los trabajadores reside la energía real que lo moviliza todo, también lo que yo escribo. No obstante, nosotros, intelectuales burgueses, debemos ir delante de ellos, aunque sólo sea un paso delante[14]. Si damos dos, con suficiencia, el pueblo no nos sigue, y nosotros quedamos en nada. Pero si nos paramos, todavía es peor, bien porque él también se para o bien porque, desbordándonos, se pierde en una estéril anarquía.

Hay que coger el punto sano. Todo organismo vive en un milagroso equilibrio de fuerzas circulatorias. Y así funciona también nuestro nuevo cuerpo todavía balbuceante. Hay miles y miles de hombres muertos que hacen como que viven, y así estorban el crecimiento de la evidencia; pero hay una energía millonaria, vital, real, golpeante, que avanza implacablemente y llegará a lo que

---

[14] Función del intelectual en una sociedad hacia el progreso según la ortodoxia marxista. A ella se atuvo el autor durante sus largos años de militancia.

anuncio como llegó el espermatozoo a algo tan imprevisible como el hombre. Lo que hace falta es ordenar la emoción, conjuntar el esfuerzo, seguir la línea estructuradora que se abre como un árbol de luz desde el cerebro central, y ocupar el lugar que a cada uno le corresponde en el órgano de acción que está ya dándonos conciencia de lo que es real y de lo que es posible.

Habrá muertes y glorias, altos y bajos, cosas increíbles del más allá y baraterías del más acá. Habrá de todo: Despuntes de gloria, rosas como bobas, aves increíbles, nubes recién nacidas, dichas vistas y no vistas como un beso irrepetible, ríos como lo que pasa, vacaciones increíbles, atropellos idiotas, peces como cuchillos que no matan, árboles abiertos como absortos... Y habrá dolores neutros. Y siempre quedará la realidad, hermosísima, limpia, indiferente, en su plena y siempre un poco secreta actividad.

Quedará mi trabajo más o menos oculto. Y si lo que hago no queda firmado, ¿qué importa? Soy un punto de paso. Lo sé. ¿Y qué más da? Otros vendrán después. Yo cumplí cuanto pude y estoy tranquilo por eso. Lo que ha de ser y he anunciado será conmigo o sin mí. Si no ayudé tanto como quise, por lo menos no estorbé. Esa es mi paz. O será. Porque, dicha sea la verdad, todavía me siento activo y germinante: Penúltimo: Todavía y siempre penúltimo [15].

¿Hay algo más consolador? Nadie es nadie por sí solo pero cada hombre es toda la humanidad. Y el tener conciencia de ello nos salva de ser individuos insignificantes y pasajeros. Somos un punto de paso. Pero somos también el paso. Somos un transcurso en el que desaparecemos pero que no existiría sin nosotros.

Pero con esto, ¿no vuelve Uno a los trascendentalismos que creía superados y a una pseudo-religión? [16]

---

[15] En este punto de esperanza acaba *Penúltimas tentativas*. Corría el año 1960.
[16] En este primer párrafo escrito ya muchos años después,

Pienso: Siempre se habló del Primer Motor como un «Yo soy el que soy.» Pero quizá el Ser no sea el que es en sí. Ya en los hombres advertimos su necesidad de «ser en los otros»: No ser para sí mismos sino para otros, en otros, dependiendo de los otros, y, perdidos o salvados más allá de la conciencia psicológica del yo y de la llamada personalidad, que sólo es una superestructura montada sobre los instintos de una fiera solitaria y salvaje, ser, más que más, algo distinto.

Cuando pierdo esta iluminación de que soy en los otros y con los otros, como ellos en mí, un colectivo, y en nombre de la autenticidad me hundo en el «sí mismo» de los existencialistas, la relación con los demás yoes, «ellos mismos», se me presenta como un conflicto: Mirar o ser mirado, matar o morir y lo insoluble abre el abismo con la espiral de la angustia, llave maestra del caos.

Y vuelvo: Un Nosotros —que no es el Uno impersonal, también negador del yo— me descubre una vida que no está limitada por mi muerte individual y que no se agota en estériles conflictos. No se trata de la Humanidad, concepto mayúsculo y abstracto, sino de un inmediato y concreto nosotros vivencial, agente activo de la Historia, realísimo.

Porque una cosa es la conciencia abstracta del Uno impersonal, otra, la autenticidad personal de los existencialistas, siempre oscilando entre el vértigo de la hybris y la angustia del nihilismo, y otra —tercera y distinta— la conciencia del nosotros. Captar ésta existencialmente es la cuestión. Si lo conseguimos, la muerte individual quedará abolida, y el devenir, y el cambio no serán motivo de dolor e inanidad (todo pasa, todo es inútil) sino proceso de planificación del colectivo. El pasado estará en el presente; todos y cada uno en este nosotros; y el futuro no será la muerte de lo actual sino su

cuando toda la evolución se creía culminada en un punto de llegada, empiezan a surgir primeramente dudas y luego replanteamientos.

despliegue: Un despliegue en el que todos y cada uno, aunque invisibles, también estaremos. Porque la conciencia individual desaparece con la muerte del sujeto pero el que tenía esa conciencia subsiste en el nosotros con otra conciencia.

¿Consolaciones? ¿Lucubraciones? No. Constato simplemente el hecho real de que, tal como somos, nos resulta imposible mantener fija la mirada en nuestra innanidad, en nuestra muerte y en nuestra falta de sentido. Por eso vivir es vivir distraído. Algo falso debe haber en nuestra conciencia personal cuando no puede funcionar sin convertirnos en unos locos (en unos seres fuera de sí y de todo) como aquellos Césares que al llegar al límite de su soberanía, borrachos de poder, se proclamaban inmortales. Pues en realidad, ¿qué menos puede uno pedir que la inmortalidad? ¿Y cómo pedirla sin demencia?

Por eso, contra toda proclamación de la Unicidad, es decir, de lo que hay en uno de auténtico por radicalmente diferente de cualquier otro e irrepetible, tengo que levantar a conciencia todo lo que no soy yo: todo lo heredado, todo lo compartido, toda la Historia vivida por otros y sólo revivida por mí, todo el espíritu de mi tiempo y de mi circunstancia, mi comunidad de raíces con quien no conozco, los aprendizajes, los contagios, los amores, los mil modos de ser influido y también de influir. Porque todo esto no es lo inauténtico de Uno sino lo que realmente le hace y él hace haciéndose a sí mismo más a fondo que con los vértices solipsistas [17].

Es claro que con la conciencia del nosotros, la muerte no queda abolida sino proyectada más lejos. Y se puede pensar que a la angustia de la muerte individual vendrá a substituir la de muerte de la especie «Hombre». Por eso hay que insistir en que lo horrible no es el hecho de la muerte sino el pensamiento de la muerte. Mi muer-

---

[17]   Solipsistas: radicalmente subjetivos.

te, o la de mi especie, es —o será— mucho más real para los demás que para mí, o quizá en la perspectiva de otras especies, que para nosotros. La verdadera angustia, la de la muerte vivida, procede más que de la extinción propiamente dicha, de que ésta, sabida de antemano, nos hace ver lo injustificado de cuanto hacemos. Es la falta de fines y lo absurdo de nuestras existencias lo que nos acongoja; es el advertir qué fácilmente se olvida lo que para nosotros fue importante, y qué impensable es el futuro desde la perspectiva de nuestro yo. Y de esto sí puede salvarnos una conciencia del Nosotros, si entendemos ésta, no como un piadoso y humanístico sentimiento sino como una categoría existencial: Un concreto y real vivir algo que no es el yo.

¿Dónde está el Colectivo de que hablo? ¿Dónde el nosotros? ¿Cómo salvarlo de lo informe? ¿Podemos creer como Rosa Luxemburgo en la «espontaneidad de las masas» y en su capacidad, ante situaciones críticas y revolucionarias, de adquirir conciencia de sí mismas, y de crear los órganos necesarios para enfrentarse con la realidad? No. Lenin tenía razón. Y como decía antes —¿cuántos años hace?— veo, según el Ojo, el nuevo cuerpo colectivo, organizado y en marcha: El Partido [18].

Tiempos duros. Tiempos difíciles. Pero tiempos en los que mucho de lo que hoy nos parece injusticia fue conciencia del Nosotros y amanecer de una psicología colectiva: Confesiones; autocríticas; sentido de la culpa objetiva al margen de que Uno hubiera actuado según su mejor intención y su mayor capacidad; obediencia a normas dictadas y planificadas que se imponen a Uno por sí mismas con más fuerza que las llamadas de su centro personal; purgas continuas según la vigilancia del Ojo y la conciencia anónima; autoacusaciones que son confesiones no intimistas y sonambúlicas del ente plural que

---

[18] Alusión a los años de militancia rígida. La heterodoxia de Rosa Luxemburgo se rechaza de plano ya en plena época de revalorización general, y se deja entrever la actividad política que llenó muchos años de la vida del autor.

está amaneciendo en cada uno; y algo que llamaríamos sacrificio si quienes lo aceptan no estuvieran tan lejos de considerarse héroes o mártires. Porque todo el resto es romanticismo revolucionario.

Fue una locura [19]. Y fue como si el hombre, al llegar al límite de sus posibilidades, hiciera explosión y se desintegrara.

He aquí las mil razones de la sin-razón: La pluralidad de partidos y de opciones: Los sistemas autónomos que proliferan como pequeños cánceres en el organismo del ser colectivo. ¡Y todo en nombre del humanismo cuando la verdad es que nunca estuvimos más lejos de él! Pues ¿quién es quién si los demás no le reconocen? Nadie es un «en sí». Nadie se basta a sí mismo. Ser es ser para otro. Y ahora, en vez de la necesaria fraternidad viril, sólo encuentro una caótica pululación de multiplicados y multiplicantes enjambres innominados.

El hombre no es humano. Ya alguien dijo: El mundo comenzó sin el hombre y terminará sin él por mucho que luchemos contra la muerte entrópica. Todo tiende al desorden. Todo es disgregación, proliferación, pululación, polución.

Así, nuestra vida social refleja nuestro sustrato biofísico: Células, átomos, micropartículas: Un impensable juego de trayectorias, choques y transformaciones. Nada captable. Sólo una inapresable zarabanda.

¿Dónde está el hombre que luchaba contra la hostilidad del mundo exterior y contra las pulsiones bárbaras de su interior para erigir un mundo civilizado, hecho a su medida? El hombre ha desaparecido. Ha muerto al morir, víctima del Ello impersonal, atómico o ciegamente celular, el Super-Yo humanista, idealista, moralizante, prometeico y cristiano-marxista. ¿Víctima? No. Porque nadie le combate. Todo le ignora [20].

---

[19] Constatación brutal del desencanto y del fracaso del modelo prometeico-marxista. Cfr. *Itinerario poético,* pág. 30.
[20] En el transfondo del párrafo se encuentra el contenido de

Ciertamente, lo que llamamos realidad no es más que una construcción arbitraria montada sobre un mundo que nos ignora: A nosotros y a nuestro mundo. Y la falacia humanista se derrumba porque lo que pienso no es lo que soy. Soy algo previo, tan anterior a lo que percibo como anterior a mis ideas, pues también mis percepciones, pese a que tan espontáneas, directas e ingenuas parecen, trampean y sólo me dan una representación artificial y empobrecida de lo que me rodea y me constituye.

¿Qué es lo que existe? Un campo sin centro, un movimiento sin móvil, una ondulación perpetua en la que no cabe diferenciar el sujeto del objeto, un colectivo de sucesos en el que las micropartículas, supuestas protagonistas de lo que acontece, se reducen a *quantos* en el campo de las oscilaciones cero o de las cargas fluctuantes.

Nada ocurre nunca y todo está ocurriendo siempre. Cada instante es todos los instantes: El único instante. Y es, siendo nada, lo absoluto, porque no proviene «de...», ni va «a...», ni tiene causa, ni fin, ni historia, ya que ocurre fuera del tiempo. Y lo que solemos llamar espacio es el éter de la gravitación; y la materia, el campo electromagnético: Una continuidad ininteligible, pues nuestra mente sólo capta las discontinuidades concretas.

¿Cómo hacer patente el campo ondulatorio en el que todo desaparece y sin embargo estamos, lo imperceptible, lo realmente real de lo invisible, la agitación de los átomos, las tormentas de los micros y las equivalentes del espacio estelar, el movimiento browniano, la vida molecular y la conjugada energía cósmica, los bacilos o el punto en que lo inorgánico incide en lo orgánico, y la expansión física es dicha psíquica, y la contracción

su obra de 1973, *Función de Uno, Equis, Ene,* y sobre todo, de *Lírica de cámara* (1969).

Como en esta última obra, se apela a la física nuclear para constatar que el hombre está sumido en un mundo de estructuras físicas de carácter fundamentalmente no humano.

mecánica, solemnísima angustia metafísica? Ser físico-químico o ser vegetativo-animal, ¿no es lo mismo? Tensión y relajamiento, éxtasis y descarga de energía, vértigo y sopor.

Imagínese a un pequeño prometeico tratando de calcular su mundo hasta el límite de lo que todavía nos atrevemos a llamar Ciencia. Se dirá: El diámetro de un átomo es del orden de la diezmillonésima de milímetro. El peso de un átomo de Hidrógeno es una cuadrillonésima, o un billón de veces un billón, de gramo. En un centímetro cúbico de aire existen veintisiete trillones, o billón de veces un millón, de moléculas. El núcleo del átomo de Hidrógeno tiene un diámetro de una mil billonésima de milímetro; el electrón, de tres billonésimas de milímetro.

Pero ¿qué sentido realmente humano tienen estas cifras inimaginables? Ninguno. Y entonces, ante la soberana tontería de todo nuestro esfuerzo, estalla una carcajada. Es la risa-bomba [21], mucho más destructiva que la de Hidrógeno. Y nuestra Civilización, hecha polvo, vuela por el aire.

El hombre que creemos ser se nos muestra ahora como una fantasmagoría inventada por nosotros mismos para dar un sentido a lo que no lo tiene. O que si lo tiene es algo humanamente impensable.

¿Es eso todo? Distancias, espejismos, choques, transformaciones, uniones, gravedades, reencuentros, cargas, direcciones. Sí. Estamos sumidos en un mundo de macro y micro-estructuras que funcionan al margen de cuanto podemos comprender y que nos gobiernan sin tomar en cuenta lo que orgullosamente llamamos nuestra conciencia. Y al advertirlo, todos nuestros heroicos combates y nuestros sabios debates parecen una burla.

---

[21] Ante la clarividencia del hecho, es la única solución posible, es decir, la falta de solución. Esta manera de pensar es la que traspasa *Buenos días, Buenas noches*. A esta risa-bomba dedica Celaya un poema (pág. 21).

Entonces, ¿para qué esforzarnos? ¿Para qué luchar prometeicamente? Nada significa nada, y si Dios murió, también ha muerto el proyecto ascendente de la evolución con que los humanistas pretendieron sustituirle. Neguémonos a competir. Neguémonos a trabajar. Neguémonos a luchar. Neguemos todo lo que no sea jorra y fiesta. La acción no conduce a nada. El porvenir no existe. El combate es ridículo. La sociedad, falsa. ¡Qué carnaval! Riamos, liberados. Barrámoslo todo a carcajadas.

Nuestra autenticidad sólo se basa en una razón irracional: El «porque sí». Y una inmensa carcajada —la risa-bomba— parece entonces amenazar nuestra vida con la destrucción total.

Y puesto que nos acercamos al fin, pensemos con Leonardo que la muerte liberará, no nuestra alma platónico-cristiana, sino los elementos que, mientras vivimos, mantuvimos sujetos por una configuración provisional: Nuestra persona. Y advirtamos con esto que lo inmortal son nuestros elementos materiales, y lo pasajero, pese a las apariencias, las «espirituales» estructuras conformadoras. ¿Qué es el mundo aparente en que vivimos sino una de esas configuraciones milagrosamente provisionales? ¿Qué es mi cuerpo, y qué mi persona, sino una constelación de micros? Y ¿qué es el organismo del Colectivo sino otra constelación alcanzada como todas imaginando figuras sobre la base de unos minutos radiantes y pasajeros repartidos al azar? ¿Y qué sino eso son esas fábulas significativas en que transformo el anodino suceder de mi biografía?

Refugios provisionales, sí, pero salvadores. Y sagrados, además. Porque sin ellos no existiríamos. Sólo las limitaciones nos defienden contra el caos. Y los Dioses-Términos, o las adorables e inmateriales estructuras que llamamos Lares, son dioses que realmente nos crean. Sus refugios, ¿no son templos? Templo, mi cuerpo y mi fábula, y templo el cuerpo colectivo que, desmitificado de toda idea de progreso y de todo absoluto, me libera del Ello, de las pulsiones grotescas e incontroladas de un inconsciente grotesco y salvaje, y de una risa anárquica sin más salida que la del nihilismo.

Por eso ahora trabajo en la construcción de unos Refugios [22] —lugares fijos, formas euclidianas, mitos y figuras estables— que serán espacios habitables y bien defendidos de las tempestades cósmicas, de los coboldos psíquicos y de los barullos atómicos. Así mi cuerpo y otros equilibrios; así otras configuraciones. Eso es todo. Antes de mi disgregación y de la anónima inmortalidad material de los elementos que me dispersarán después de tantos años de sujeción a mi figura, me gustaría vivir protegido mis últimos y felices días tontos de personaje-hombre mientras otros, más jóvenes, prosiguen la aventura del hombre aún inacabado y del futuro mutante.

[22] En esta explosión final de nihilismo, los refugios son los únicos agarraderos humanos y pequeños que se hacen posibles mientras llega la tempestad que devuelva al hombre al elemento primario. A esos refugios dedica el autor cuatro poemas en *Buenos días, Buenas noches*: «El reflejo» (pág. 85), «El hogar» (pág. 90), «La cabaña» (pág. 94) y «Lugar Mandálico» (pág. 96). De alguna forma se vuelve al mismo nihilismo nietzscheano del comienzo: «No hay otra permanencia que la de ser un hueco corregido por otros.» La impresionante despedida con que termina el libro invita a pensar así.

Despedida

Si pienso en cuánto pretendí, poco hice, poco pude. Pero sumo mis días a los trabajos de cuantos me precedieron y me acompañan, y el sentirme a una con ellos, me basta para sentirme salvo, y también sano. Sin pretensiones de cumplimiento o realización personal de un destino mayúsculo como aquel en que pensaba de adolescente, sin más allá trascendente o ilusión de que mi época vaya a ser la ocasión en que el mundo va a transformarse en algo radicalmente nuevo y el hombre vaya a cambiar de condición como creí en mi fantástica y mejor edad, sigo haciendo lo mío. Simplemente porque —es un instinto, quizá instinto más que obediencia a un alto deber— sólo cuando trabajo me siento feliz.

Goethe recomendaba la actividad pero nunca disfrazó esa actividad de obra moral, o la recomendó como un deber hacia dios o hacia la humanidad. Sólo veía en ella algo que le permitía mantener su equilibrio vital. Y en este sentido me parece bien. Pero, ¿y después?

> Quizá, cuando me muera,
> dirán: «Era un poeta.»
> Y el mundo, siempre bello, brillará sin conciencia.

> Quizá tú no recuerdes
> quién fui, mas en ti suenen
> los anónimos versos que un día puse en ciernes.

187

Quizá no quede nada
de mí, ni una palabra,
ni una de estas palabras que hoy sueño en el mañana.

Pero visto o no visto,
pero dicho o no dicho,
yo estaré en vuestra sombra, ¡oh hermosamente vivos!

Yo seguiré siguiendo,
yo seguiré muriendo,
seré, no sé bien cómo, parte del gran concierto.

Colección Letras Hispánicas